Understanding Sociolinguistics

사회언어학의 이해

Understanding Sociolinguistics

사회언어학의 이해

한경임 지음

 사람들이 자신의 생각과 의견을 표현하고 타인과 상호작용을 하는데 있어 가장 기본적인 의사소통 수단은 언어이다. 일상에서 늘 사용하는 언어이지만, 우리가 사용하는 언어에 대해 주의를 기울여서 관찰하는 사람은 그리 많지 않다. 항상 주변에서 쉽게 접하는 언어이기 때문에 간과하기 쉽지만, 언어를 이해한다는 것은 인간에 대한 이해 뿐 아니라 해당 사회와 문화를 파악하는데 도움이 된다는 점에서 연구할 만한 가치가 있다.

 필자는 대학원 학위 과정 중에 사회언어학 강좌를 수강한 적이 있다. 그 때만 해도 내 전공은 음운론·음성학이어서 사회언어학을 바라보는 관점이 언어학의 주 분야가 아닌 부수적인 학문 영역이라고 생각하였다. 박사학위를 받고 음향음성학에 관한 논문을 쓰기 시작하면서 필자는 점점 음성학과 사회언어학을 접목한 사회음성학으로 눈을 돌리게 되었다. 사회언어학에 관한 책을 읽기 시작하면서 필자는 학생들에게 이 학문을 좀 더 쉽게 가르칠 수는 없을까? 그리고 학생들에게 우리가 사용하는 언어에 대해 관찰하는 눈을 길러주면 좋지 않을까? 고민하다가 이 책을 집필하게 되었다.

이 책의 주된 독자층은 한국인을 대상으로 하였기 때문에, 한국어 예를 가지고 학생들이 서로 생각하고 논의할 수 있도록 영어 예를 많이 제시하였다. 더 많은 예를 제시하고 싶었으나, 혹여 너무 많은 예의 제공이 독자들에게 산만하다는 느낌을 주지 않기 위해 최대한 줄이려고 노력하였다.

본서를 집필하는 동안에 힘든 점도 있었지만, 지금 생각해 보니 아쉬운 점이 더 크게 느껴진다. 첫 술에 배부를 수 없듯이 이 책을 시작으로 하여, 사회언어학과 사회음성학에 대해 더 심도 깊은 연구와 집필 활동을 하고자 한다. 부족한 점이 많지만, 이 책이 언어를 이해하는데 조금이나마 도움이 되기를 바란다. 끝으로 이 책을 집필하는 동안에 묵묵히 응원을 보내준 가족들과 동료 교수님들께도 감사의 인사를 드린다.

2019년 8월에

한경임

제1장

언어, 사회 그리고 문화

Aristotle는 '인간은 태어날 때부터 사회적 동물'이라고 말하였다. 인간은 사회 속에서 타인과 관계를 맺지 않고 홀로 지내는 것은 불가능하며, 사람들과 상호작용을 하면서 더불어 살아야 한다는 것을 의미한다. 인간이 상호 작용을 하는데 있어 가장 기본적인 의사소통 수단은 언어language이다.

언어는 서로의 생각과 의견을 단지 표현하고 교환하는 수단이 아닌 그 이상의 의미를 담고 있다. 가령 외국에서 우연히 한국어를 사용하는 한국 사람을 만났다고 가정해 보자. 이 두 사람은 이전에 만난 적은 없지만 상대방이 사용하는 언어를 듣고 서로 한국 사람이라는 사실을 인지하는 순간, 동질감을 느끼게 된다. 여기서 동질감이란 동일한 언어로 의사소통이 가능하다는 단순한 언어 사용의 차원 외에도 그들은 동일한 언어 공동체의 구성원인 동시에 그들만의 고유하고 독특한 문화를 공유하고 있음을 암시한다. 따라서 해당 사회에 대한 문화를 잘 이해하기 위해서는 그 사회에 속한 구성원이 사용하는 언어의 이해 또한 필요하다.

해당 언어를 사용하는 사회와 문화에 대한 이해는 제2외국어 학습자들에게도 요구된다. 가령 영어, 중국어, 일본어, 프랑스어 등의 모국어 화자와 대화를 나눌 때, 원어민 화자가 사용하는 비유적, 은유적 문장이나 속담 등에 대한 이해는 그 사회의 문화를 파악하는데 도움이 된다. 또한 외국어로 쓴 문학 작품을 잘 이해하기 위해서는 해당 언어 습득 그 자체도 중요하지만, 그 언어를 사용하는 사회와 문화적 배경에 대한 이해는 작품 이해도를 높이는 역할도 한다.[1]

이처럼 언어, 문화, 사회, 이 세 가지 요소는 서로 밀접한 관계를 지니고 있다. 따라서 해당 언어를 잘 이해하기 위해서는 언어를 사용하는 구성원이 속한 사회와 문화에 대한 이해 역시 필요하다.[2]

1.1 언어란 무엇인가?

Finegan(2004)에 따르면, 언어란 사람들의 생각을 교환하고 중재하는 표현 체계인 사고를 전달하는 수단vehicle of thought이며, 언어는 의미meaning, 표현 expression, 문맥context과 같은 세 가지 측면뿐만 아니라, 사회적, 정서적 기능을 지니고 있다고 설명하였다.[3] 즉, 사람들이 자신의 생각과 느낌을 명확하게 전달하려면 자신이 말하려는 내용과 의미를 내포한 언어를 가지고 표현해야 한다. 또한 화자가 표현한 내용을 청자의 입장에서 정확히 이해하려면 이에 부합한 문맥context을 잘 파악해야만 가능하다.

Finegan(2004:8)은 언어를 구성하는 세 가지 요소인 의미, 표현, 문맥에 대해 다음과 같이 설명하였다. 표현이란 단어, 구, 문장, 억양과 강세를 포함한 발음을 나타내며, 의미는 표현과 관련된 요소의 의미와 지시를 지칭한다. 그리고 문맥은 언어가 발화된 상황과 이전에 대화가 이루어진 상황을 파악하는데 필요한 요소이다.

이 세 가지 요소 이외에도, 화자와 청자 간 밀접한 관계 정도를 나타내는 친밀감intimacy 또한 문장의 표현 방식에 영향을 끼친다고 보았다. 따라서 상대방의 언어를 잘 이해하기 위해서는 발화가 일어나는 문맥 속에서 말의 의미와 표현을 정확히 파악할 필요가 있다. 만약 대화가 일어난 문맥을 잘 파악하지 못한다면, 발화된 의미와 표현을 정확히 이해하기는 어렵기 때문이다.

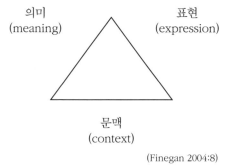

(Finegan 2004:8)

[도표 1-1] 언어의 세 가지 측면

1.2 **언어의 특성**

인간 언어human language는 동물 언어animal language와는 서로 다른 특성을 지니고 있다. Jose(2015)는 인간 언어와 동물 언어의 각기 다른 특성에 대해 다음과 같이 기술하였다.

[표 1-1] 인간 언어와 동물 언어의 특성4

	인간 언어	동물 언어
이원적 체계	변별적 음인 음소는 자의적이며 의미를 지니고 있지 않는다. 하지만, 이러한 음소를 길게 나열하여 단어와 문장을 만들고, 이는 다양한 의미를 만들어낸다.	동물은 자의적 음들을 열거하면서 의사소통을 하지 않으며, 만들어내는 메시지 수가 제한되어 있다.
창조성	새로운 단어를 쉽게 만들 수 있다.	동물은 신호가 바꾸도록 진화한다.
배치, 이동	사람은 현 상황에서 일어나지 않은 거리가 멀고, 추상적이며 또는 상상적인 일들에 대해 말할 수 있다.	동물의 의사소통은 문맥에 의존한다. 즉, 동물은 자극에 반응한다.
상호 교환성	사람은 성별에 관계없이 똑같은 언어를 사용한다.	동물세계에서는 특정 동물의 의사소통은 해당 동물의 성별에 따라 다르게 사용된다.
문화적 전승	인간은 문화적으로 언어를 습득한다. - 단어는 학습되어져야 한다.	동물의 의사소통 방식은 생물학적이며, 타고난 것이다.
자의성	인간 언어는 무수한 음(음소)과 특징 (문자)을 사용하는 기호적 특성을 지니고 있으며, 이는 기록되고 보존된다.	동물의 의사소통은 기호적 특성을 지니고 있지 않으므로, 과거의 생각을 보존할 수 없다.
생물학	생물학적 단계에서, 인간의 후두와 혀는 매우 독특하며, 사람들이 언어로 인지하는 음을 만들어내는데 필요하다.	각기 다른 동물들은 서로 다른 생물학적 구조를 가지고 있으며, 이는 그들이 음을 만들어내는 방식에 영향을 끼친다.
중의성	단어 또는 기호는 여러 가지 의미를 가질 수 있다.	모든 기호는 단지 하나의 의미 만을 지닌다.
다양성	인간 언어는 때때로 별개의 무한성으로 언급되어지는 무한한 많은 생각들을 단어로 배열할 수 있다.	동물들은 의사소통을 하기 위해 사용할 수 있는 결합이 매우 제한적이다.

(Jose 2015)

이 책에서는 동물 언어는 다루지 않고, 인간 언어에 대해서만 살펴보기로 한다. 언어학자들은 일반적으로 인간 언어의 특성에 대해 여섯 가지로 나누어 설명하였다.

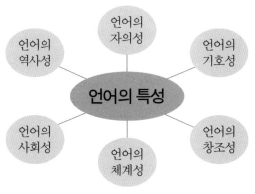

[도표 1-2] 언어의 특성

첫째, 언어는 자의적 특성을 지니고 있다. Language is arbitrary.

언어는 소리sound와 의미meaning로 구성된 기호이며, 특히 언어의 내용content과 형식form 간 관계는 필연적 관계가 아닌 자의적 특성을 지니고 있다. 가령 우리가 즐겨먹는 빵을 언급할 때, 한국어는 '빵', 영어는 'bread', 일본어는 'パン', 프랑스어는 'pain', 스페인어는 'pan'이란 단어를 사용하여 해당 사물을 지칭한다. 이처럼 단어는 소리와 소리를 나타내는 의미가 결합하여 이루어진 기호symbol이다.

이러한 소리와 의미 간 관계는 특정한 소리는 특정 의미를 나타내는 일대일 대응인 필연적 관계가 아닌 자의적 특성을 지닌다고 할 수 있다. 소리와 의미 간 이러한 자의적 특성은 단어뿐만 아니라, 의성어에도 적용된다. 예를 들면, 고양이 우는 소리를 표현할 때, 한국어로는 '야옹,' 영어로는 'meow'로 나타낸다. 이처럼 동물의 소리를 나타내는 의성어 역시 소리와 의미 간 관계는 필연적 관계가 아닌 자의적 특성을 지니고 있다.

둘째, 언어는 기호적 특성을 가지고 있다. Language is Symbolic.

언어는 특정 사물, 현상, 대상을 표현할 때, 소리와 의미가 결합된 기호 체계로 표시한다. 즉, 각 언어는 모든 사물이나 현상을 지칭하기 위해 음sound

또는 단어word를 사용하며, 이 때 사용한 음과 단어는 해당 언어의 기호symbol이다. 따라서 언어는 기호적 특성을 지니고 있다. 해당 언어의 기호적 특성을 얼마나 이해하고 해석할 수 있는지를 나타내는 척도가 그 언어에 대한 이해 정도를 보여주는 이해도intelligibility[5]이다. 따라서 해당 언어의 기호를 많이 이해하는 사람은 그 언어에 대한 이해도가 높다고 본다. 반면에 해당 언어의 기호를 잘 인지하지 못하는 사람은 해당 언어에 대한 이해도가 낮다고 판단한다.

이처럼 소리와 의미가 결합된 기호는 구체적인 대상을 나타내기도 하지만, 때로는 해당 대상의 종류를 대표적으로 나타내는 기호로도 사용된다. 가령 물건을 넣어서 들거나 메고 다닐 때 사용하는 사물을 총칭적으로 언급할 때는 '가방'이라는 단어를 사용한다. '가방'은 물건을 넣어서 운반하는데 사용하는 사물을 대표적으로 나타내는 기호이기는 하나, 구체적인 해당 사물 그 자체를 지칭하지는 않는다. 다양한 종류의 가방을 지칭하는 별개의 기호로는 '백팩', '캐리어', '에코백', '숄더백', '클러치 백', '크로스백' 등이 있지만, 이 별개의 기호는 '가방'이라는 대표적인 기호를 사용하여 표현하기도 한다.

Saussure는 사물을 나타내는 표시인 언어 기호는 '청각 이미지sound image'인 '시니피앙signifiant'과 대상에 의미가 부여되거나 표시된 개념concept인 '시니피에signifié'라는 두 가지 요소로 이루어져 있다고 주장하였다.[6]

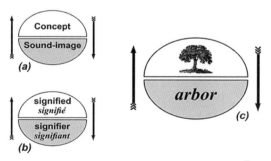

[도표 1-3] 소쉬르의 시니피앙과 시니피에 간 관계[7]

Saussure의 개념에 따르면, 소리인 '나무'는 '시니피앙'이며, 뿌리와 줄기를 가지고 있는 의미를 지닌 '나무'는 '시니피에'가 된다. 뿌리와 줄기를 지닌 식물을 '나무'라고 부르는 '시니피앙'과 '시니피에'의 관계는 필연적이 아닌 자의적이라고 Saussure는 말하였다. 비록 이 두 가지 요소 간 관계는 필연적이지는 않으나, '나무'라는 단어를 들었을 때, '줄기와 뿌리를 가지고 있는 식물'이 머릿속에 떠오르는 것은 '시니피앙'과 '시니피에'의 관계가 언어의 필연적인 기호 체계 속에 있다고 Saussure는 설명하였다.

셋째, 언어는 창조적 특성을 지니고 있다. Language is Creative.

언어는 지금까지 한 번도 들어본 적이 없거나, 말해 본 적이 없는 새로운 문장을 무수히 많이 만들어낼 수 있는 창조적 특성을 지니고 있다. 또한, 이렇게 새로이 만들어진 문장들은 화자나 청자의 입장에서 이해하는데 아무런 어려움이 없다. 가령, '대학생', '겨울 방학', '간다'라는 세 개의 단어가 포함한 문장을 만든다면, 우리는 무수히 많은 새로운 문장을 만들 수 있다.

> 단어 '대학생', '겨울 방학', '간다'를 포함한 한국어 문장
> 1. 남자 대학생들은 이번 겨울 방학에 해외 봉사를 간다.
> 2. 여자 대학생들은 이번 겨울 방학에 제주도로 여행을 간다.
> 3. 1학년 대학생들은 이번 겨울 방학에 취업 캠프를 간다.
> 4. 4학년 대학생들은 이번 겨울 방학에 졸업여행을 간다.
> 5. 한국대학교에 재학 중인 대학생들은 겨울 방학에 베트남으로 봉사활동을 간다.

앞의 문장에서 볼 수 있듯이, 우리는 주어진 단어를 가지고 지금까지 한 번도 접한 적이 없는 문장을 포함하여 무수히 만들어 낼 수 있는 창조적 특성을 지니고 있다.

넷째, 언어는 체계적 특징을 가지고 있다. Language is Systematic.

앞에서 언급했듯이, 언어는 기호적 특성을 가지고 있으며, 이 기호들은 각 언어가 지닌 고유한 언어 규칙에 따라 체계적으로 배열된다. 이런 언어의 체계적 특성 때문에 언어의 법칙성 또는 규칙성이라고도 한다. 언어의 규칙성에는 언어의 음운론적, 형태론적, 통사론적(또는 문법적인) 체계가 포함된다. 다음 문장들은 언어의 규칙성을 보여주는 예이다.

한국어 문장의 예

(1) A. 지수와 지호는 사이좋게 과자를 나누어 먹는다. (○)

　　 B. 지수와 지호는 사이좋게 과자가 나누어 먹는다. (×)

(2) A. 서연이와 민준이는 어제 서점에서 만난다. (×)

　　 B. 서연이와 민준이는 어제 서점에서 만났다. (○)

영어 문장의 예

(3) A. Angela is reading a book. (○)

　　 B. Angela are reading a book. (×)

(4) A. Brain has an expensive bag. (○)

　　 B. Brain has an expensive bags. (×)

문장 (1)은 '과자' 다음에 오는 격조사는 주격 조사가 아닌 목적격 조사가 필요하다. 따라서 주격 조사 '가'가 아닌 목적격 조사 '를'을 사용해야 문법적으로 맞는 정문이 된다. 문장 (2)에는 과거 시제를 나타내는 부사 '어제'가 사용되었기 때문에 동사와 시제 일치하여 '-었'이란 과거 선어말 어미를 사용해야 정문이 된다. 문장 (3)에서는 주어 'Angela'는 3인칭 단수이므로 be-동사 'are'가 아닌 'is'를 사용해야 한다. 문장 (4)는 부정 관사 'an' 다음에 단수 명사가 와야 함으로 'an expensive bags'가 아닌 'an expensive bag'을 사용해야 정문이 된다.

다섯째, 언어는 사회적 특성을 지니고 있다. Language is Social.

언어는 공동체 내에서 의사소통을 위한 목적으로 사람들이 관습적으로 사용하는 기호이다. 이런 기호 체계는 한 개인이 혼자 임의로 만들어서 사용하는 것이 아니라, 동일 공동체에 속한 사람들 간의 약속이다. 따라서 언어는 일시적인 용도를 위해 만들어진 기호가 아닌 공동체 구성원들 간 약속이므로, 개인이 단순히 기호가 마음에 들지 않는다는 이유만으로 임의로 바꿀 수 없다.

가령 도로에서 볼 수 있는 세 가지 색깔로 구성된 표지를 지칭하는 기호인 '신호등'의 예를 들어 보자. 개인 또는 일부 집단에서 '신호등'이란 단어가 마음에 들지 않는다는 이유 만으로 '삼색 표지판' 또는 '원형 색깔 표지' 등과 같은 다른 기호로 바꾸어 사용할 수 없다.

이처럼 언어의 내용과 형식은 해당 언어 공동체에 속한 사람들 간 약속이므로, 이러한 언어의 특성을 사회성이라고 한다. 또한 사회 구성원들 간 사회적 약속으로 정해지면 개인이 임의로 바꿀 수 없는 특성도 지니고 있으므로 이러한 언어의 특성을 불역성이라고도 한다.

여섯째, 언어는 가변적 특성을 지니고 있다. Language is Changeable.

언어는 항상 고정 불변하지 않으며, 시간이 흐름에 따라 변화하는 특성을 지닌다. 즉, 시간이 흐름에 따라 새로운 단어들이 생겨나기도 하고 사라지기도 한다. 또한 기존에 존재했던 단어의 형태나 의미가 바뀌기도 한다. 다음은 과거에 사용되었다가 지금은 소멸된 단어와 새로 생겨난 단어의 예이다.

[표 1-2] 소멸된 단어와 새로 생겨난 단어

소멸된 단어		새로 생겨난 단어	
불휘 : 뿌리	여름 : 열매	갑분싸	비추
뫼 : 산	한울 : 한울타리	욜로	심쿵
가람 : 강	즈믄 : 천	워라밸	남아공
괴다 : 사랑하다	미르 : 용	움짤	소확행
미리내 : 은하수	겨슬 : 겨울	혼술, 혼밥	인싸

의사소통수단인 언어는 다양한 언어 사용의 목적과 의도를 가지고 있다. Halliday(1975)는 언어의 문법 현상을 사회적 맥락social context과 연관시켜 화자의 입장에서 도구로서의 언어의 기능에 대해 설명하였다. 언어의 의미와 기능을 중시한 Halliday(1975)는 언어의 기능을 다음과 같이 일곱 가지로 분류하여 설명하였다.

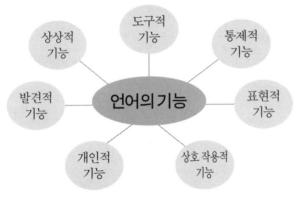

[도표 1-4] Halliday(1975)가 제시한 언어의 일곱 가지 기능

첫째, 언어는 도구적 기능instrumental function을 갖는다.

화자는 자신이 원하는 것을 얻거나 또는 욕구를 충족시키기 위한 수단으로 언어를 사용한다. 가령 화자 자신의 원하는 바를 표현하기 위해서 '저는 ~을 하고 싶어요', '저는 ~에 가고 싶어요', '저는 ~하기를 원합니다'와 같은 언어를 사용한다.

둘째, 언어는 통제적 기능regulatory function을 갖는다.

화자는 다른 사람의 행동을 통제하기 위한 수단으로 언어를 사용한다. 예를 들면, '너 그렇게 하지 마.', '제가 하라는 것만 하세요.', '그런 행동은 절대

하지 마세요.' 등과 같은 말을 함으로써 상대방에게 해야 할 일 또는 하지 말아야 할 일에 대한 경고 또는 통제를 나타내는 기능을 한다.

셋째, 언어는 표현적 기능representational function을 갖는다.

상대방에게 자신의 생각이나 정보를 전달하거나, 또는 서로 정보 교환의 수단으로도 언어를 사용한다. 예를 들면, '나는 작년 여름에 유럽 배낭여행 다녀왔어.'라고 상대방에게 말하는 것은 화자가 청자에게 자신이 알고 있는 정보를 제공하기를 원하는 표현적 기능을 나타낸다.

넷째, 언어는 상호 작용적 기능interactional function을 갖는다.

화자와 청자 간 사회적 관계 형성을 위한 상호 작용의 수단으로 언어를 사용한다. 자신의 생각 또는 의견을 상대방에게 일방적으로 말하는 것이 아니라, '나는 이렇게 생각하는데 너는 어떻게 생각하니?'와 같은 문장을 사용함으로써 자신의 생각 또는 견해를 표현함과 동시에 상대방 의견도 존중한다는 상호 작용의 기능으로써 언어를 사용한다.

다섯째, 언어는 개인적 기능personal function을 갖는다.

화자 자신의 생각이나 느낌 또는 견해를 표현하는 수단으로 언어를 사용한다. 가령 '저는 당신의 의견에 전적으로 동의합니다.' '정원에 핀 꽃은 너무나 아름답다.' 또는 '이 음식은 너무 맛있다.'와 같은 표현은 화자 자신이 느낀 생각과 견해를 표현하기 위해 언어를 사용한다.

여섯째, 언어는 발견적 기능heuristic function을 갖는다.

화자가 궁금한 점이 있거나 또는 자신의 호기심을 해소하기 위해서도 언어를 사용한다. 예를 들면, '이 차는 어디에 문제가 있니?', '나라마다 기후가 다르게 나타나는 이유는 무엇인가요?' 또는 '한국에서 아프리카까지 가는데 얼마나 걸리나요?' 등과 같은 질문은 화자가 일어난 일에 대한 결과 또는 화자가 가지고 있는 궁금증을 해소하기 위한 수단으로써 언어를 사용한다.

일곱째, 언어는 상상적 기능imaginative function을 갖는다.

언어는 항상 현실 세계에서 일어나는 일 뿐만 아니라, 화자가 간절히 바라는 소망과 희망 등과 같은 가상의 세계를 표현하기 위해서도 언어를 사용한다. 이에 적절한 예로는 아이들이 소꿉놀이를 할 때, 여자 아이는 엄마 역할, 남자 아이는 아빠 역할을 하면서 자신의 역할에 맞는 언어를 사용하는 경우가 해당된다. 또한 '내가 장차 과학자가 되면 ~을 할 것이다'라고 표현함으로써 자신의 장래에 이루고 싶은 희망을 나타내기 위해서도 언어를 사용한다.

1.4 언어와 사고

언어와 사고 간 관계는 언어와 사고가 동일하다는 견해와 상이하다는 관점이 있다. 언어와 사고가 동일하다고 보는 대표적인 학자는 미국의 심리학자이자 행동주의 창시자인 Watson이다. Watson은 "언어와 사고는 행동의 한 유형이며, 사고는 음성 언어"를 뜻한다고 주장하였다. 사람들이 말하는데 사용하는 혀, 후두와 같은 발성 기관과 근육 운동을 사고의 표현이라고 설명하였다. 따라서 사람의 생각은 자기 자신에게 하는 내적인 말Thinking is internal or subvocal speech.이기 때문에, 사고와 언어는 동일하다는 보았다.

For Watson, language and thinking were a form of behavior and nothing more: "Saying is doing-that is, behaving. Speaking overtly or to ourselves(thinking) is just as objective a type of behavior as baseball"(1924/1930:6). Language presented no special problem; it was simply an overt behavior. Watson solved the problem of thinking by claiming that thinking is internal or subvocal speech. Because overt speech is produced by substantial movement of the tongue and larynx, Watson assumed that minute movements of the tongue and larynx accompany thought. (Hergenhahn & Henley 2014: 388)

반대로 언어와 사고가 서로 상이하다고 보는 견해는 닭이 먼저인지 달걀이 먼저냐의 문제chicken or egg question와 같은 출발 순위에 관한 논쟁처럼, 언어가 사고를 지배한다는 언어 우위설, 사고가 언어를 지배하는 사고 우위설 그리고 언어와 사고 간 관계가 상호 의존적이라고 해석하는 상호 의존설인 세 가지 관점이 있다.

1.4.1 언어 우위설

언어 우위설은 말 그대로 언어가 사고보다 더 우위에 있다고 보는 관점이다. 즉, 인간이 사용하는 언어가 사고를 지배한다는 것은 사람이 사용하는 언어가 사고방식에 영향을 끼친다고 보는 것이다. 인간의 사고를 지배하는 것이 언어라는 입장을 취하는 언어 우위론적 관점은 Humboldt[8]가 주장한 언어 세계관 가설과 상통하다.[9] Humboldt는 언어와 사고 간 관계에 대해 사고를 지배하는 것은 언어이며, 따라서 언어와 사고는 불가분 관계에 있다고 보았다. Humboldt는 언어에 대해 다음과 같이 설명하였다.[10]

언어는 우리에게 필수적인 부분이다. 이것은 우리 마음과 기억 속에 있으며, 새로운 사회-문화적 역할과 함께 사고의 움직임과 더불어 형태가 바뀐다. 언어는 창조적인 힘을 가지고 영적 생활의 모든 분야에서 활동한다. 또한 언어는 세계에 관한 중요한 형성 방법이자 인간 지식의 존재이다.

언어 우위론을 뒷받침하는 대표적인 예는 무지개 색깔이다.『재미있는 날씨와 기후 변화 이야기』(2014)에 따르면, 무지개 색깔은 나라마다 다르게 표현된다고 기술하였다.

옛날 우리나라에서는 오색 무지개로 표현하였으며, 미국에서는 남색을 제외한 여섯 가지 색깔, 멕시코 원주민인 마야인은 검은색, 하얀색, 빨간색, 노란색, 파란색인 다섯 가지 색깔, 아프리카 인들은 두세 가지 색깔로 무지개가 이루어졌다고 말하였다.

나라마다 달리 표현되는 무지개 색깔은 100~200개 이상의 색으로 구별할 수 있다고 한다. 이처럼 무수히 많은 색깔을 지닌 무지개를 일곱 가지의 색깔로만 인식하는 이유에 대해서는 여러 가지 설이 있지만, 그 중에서 가장 유력한 설은 Newton의 주장이다.

뉴턴은 빛의 성질을 연구하던 중 우연히 창문을 통해 들어오던 가느다란 빛줄기를 프리즘에 통과시키고 그 빛이 여러 가지 색깔로 나누어진 것을 발견하고는 뉴턴은 무지개의 색깔을 일곱 가지로 정하였다고 한다. 뉴턴이 무지개 색깔을 일곱 가지로 정한 이유는 그 당시 숫자 7을 신성시 여겨 행운을 가져다주는 숫자로 여겼던 영향을 받은 것으로 추정하고 있다. 실제 무지개 색깔은 일곱 가지 이상으로 나타날지라도 오랜 세월동안 무지개 색은 일곱 가지라는 고정 관념 때문에 사람들은 그렇게 생각한다는 것이다.[11]

이처럼 자연 현상에 대한 이해 또한 우리가 사용하는 언어의 지배를 받는 다는 것을 볼 수 있다. 언어 우위설을 뒷받침하는 또 다른 예는 이누이트족 인 에스키모인들이 사용하는 눈에 관한 어휘이다. 에스키모인들이 사용하는 눈과 관련된 어휘는 학자에 따라 수십에서 수 백 개에 이른다고 한다고 보고 되었다. 에스키모인들이 다른 종족에 비해 눈과 관련된 변별적 어휘가 많다 는 것은 어휘 수가 적은 종족에 비해 눈을 관찰하는 사고가 발달되었다고 볼 수 있다(내 머릿속과 여러 책들. 2008). 이와 비슷한 예로는 아랍어의 '낙타'를 지 칭하는 어휘이다. '낙타'를 지칭하는 단어로는 영어는 'camel', 한국어는 '낙타' 라는 하나의 단어만 있지만, 아랍어에는 '낙타'와 관련된 단어가 6,000개에 이 른다.12

또한 언어학자들에 따르면 뉴질랜드 마오리족의 언어에는 '똥'을 가리키 는 단어가 35개 그리고 핀란드어에는 '곰'과 관련된 단어가 70여 개에 이른다 고 설명하였다.13 이처럼 특정 대상이나 자연 현상과 관련된 어휘 수가 종족 마다 다르게 나타나는 현상은 그 대상을 일컫는 어휘 수만큼 사람의 사고가 분화되었다는 것을 나타낸다. 이는 인간이 사용하는 언어가 사고에 앞선다 는 것을 보여주는 증거이다.

1.4.2 사고 우위설

언어 우위설과는 반대로, 사고 우위설은 사고가 언어보다 더 우위에 있다 고 보는 견해이다. 사고 우위적 관점을 지지하는 대표적인 학자로는 Piaget 과 Steinberg 등이 있으며, 이들은 인간은 언어를 사용하지 않고도 사고가 가 능하다고 주장하였다. Piaget는 사고와 언어 간 관계에 대해 다음과 같이 기 술하였다.

피아제의 주된 관심사는 어린이의 인지 발달에 있었다. 그는 언어는 단지 사고의 반영인 어린이들의 익숙한 세계를 나타내는 방법 중 하나이며, 언어는 사고 발달에 영향을 끼치지 않는다는 이론을 제시하였다. 피아제는 인지 발달은 언어 발달보다 우위에 있다고 주장하였다.[14]

사고 우위설을 지지하는 학자들은 그 증거[15]로서 아이들이 말을 배우기 전에 사고하는 능력이 있는 점과 청각 장애인이 말을 잘 할 수 없고 들을 수 없어도 주변에서 일어나고 있는 상황을 인지하고 이해하는 능력이 있다는 점을 언급하면서 사고가 언어보다 더 우위에 있다고 설명하였다. 이를 뒷받침하는 또 다른 증거로는 동일한 언어를 사용하는 사람일지라도 각 상황에 대해 모두 동일하게 사고하지 않고, 다양한 방식으로 사고하는 것이 가능하다는 것이다. 반대로 각기 다른 언어를 사용하는 사람일지라도 특정 상황에 대해 같은 사고의 관점으로 생각할 수 있다고 설명하였다.

이처럼 특정한 상황에 대해 생각하고 판단하는 사고방식이 사람이 사용하는 언어와는 별개라는 점에서, 언어와 사고 간 관계는 서로 독립적이며, 또한 사고가 언어보다 우위에 있다고 보았다. 이러한 사고 우위론적 관점을 뒷받침하는 또 다른 예는 사람들이 커피 잔에 담겨 있는 커피를 보고 '커피'라고 명명하지 않아도 커피향을 느낄 수 있다는 점도 사고 우위설을 지지하는 증거라 할 수 있다.

1.4.3 상호 의존설

언어와 사고 간 관계를 나타내는 또 다른 관점은 언어 우위론과 사고 우위론적 관점을 절충한 상호 의존설이다. 상호 의존설을 대표하는 학자는 러시아의 Vygotsky이다.

Vygotsky의 주장에 따르면, "언어와 사고 능력은 유아기에는 평행하게 발달하다가 차츰 이 두 가지 능력이 합쳐져서 사고는 언어로 표현되고, 언어는 사고에 의해 논리적으로 발달한다는 것이다."라고 설명하였다. 이는 언어 없는 사고는 불완전하고, 사고 없는 언어는 생각할 수 없다는 점에서 인간은 언어를 통해 사고가 확장되고, 사고의 확장을 통해 언어의 세계가 점점 넓어진다고 보는 관점이 상호 의존설이다.[16]

1.5 사피어-워프 가설

사피어-워프 가설Sapir-Whorf hypothesis은 언어와 문화에 대해 연구하였던 미국의 인류학자이자 언어학자인 Sapir(1884~1939)와 그의 제자 Whorf(1897~1941)는 언어와 사고 간 관계를 설명한 두 가지 이론인 언어 결정론linguistic determinism과 언어 상대론linguistic relativism[17]을 제안하였다.

언어 결정론은 언어가 인간의 사고를 결정한다는 것으로, 우리가 인지하고 생각하는 것은 우리가 말하는 특정 언어에 의해 제약을 받는다는 이론이다. 즉, 인간의 사고는 우리가 말하는 언어에 의해 결정됨으로, 언어 자체가 인간의 인지와 사고를 결정한다고 보았다. 이러한 언어와 사고 간 관계를 나타내는 언어 결정론을 강한 가설strong hypothesis라고 하며, Wardhaugh(2002)은 언어 결정론에 대해 다음과 같이 설명하였다.

> What we perceive and how we think is restricted by the particular language we speak. The structure of a language determines the way in which speakers of that language view the world. All high levels of thinking are dependent on language. That is, language determines thought. Language differ drastically; therefore the world is experienced differently by speakers of different

languages. The picture of the universe is different for individuals in different linguistic communities. (Wardhaugh 2002:291)

언어와 사고가 서로 밀접한 관계를 가지고 있다는 사피어-워프 주장에 대해, 언어학자 Chomsky와 인지 과학자 Pinker는 언어와 사고는 독립적이라고 반박하였다. Chomsky는 인간은 언어를 배울 수 있는 언어 습득 기제language acquisition device와 보편 문법universal grammar을 가지고 태어난다고 주장하면서 언어와 사고는 서로 독립적인 관계에 있다고 설명하였다. 또한 Pinker는 세계의 모든 사람들은 사고할 때, 각 나라의 언어로 사고하는 것이 아니라, 독립적인 추상 언어인 '멘탈리즈mentalese'로 생각한다고 주장하였다. 즉, 모든 인간은 사고의 언어language of thought라는 동일한 언어인 멘탈리즈를 공유하고 있다고 보았다(Fodor 1975; Pinker 1994).

다시 말해서, 사람들은 말을 할 때, 멘탈리즈를 자연 언어natural language로 번역하고, 청자는 들은 자연 언어를 다시 멘탈리즈로 재번역한다고 설명하였다.[18] Pinker는 이러한 보편 정신 언어universal mental language가 있다고 주장하면서, Sapir-Whorf가 주장한 언어 결정론에 대해 강하게 반박하였다.

People do not think in English or Chinese or Apache; they think in a language of thought. This language of thought probably looks a bit like all these languages; presumably it has symbols for concepts, and arrangements of symbols ... [C]ompared with any given language, mentalese must be richer in some ways and simper in others. It must be richer, for example, in that several concepts must correspond to a given English word like stool or stu ... On the other hand, mentalese must be simpler than spoken languages; conversation-specific words and constructions (like a and the) are absent, and information about pronouncing words, or even ordering them, is unnecessary. (Pinker 1994:81-82)

Sapir-Whorf가 주장한 강한 가설인 언어 결정론은 많은 학자들로부터 반박을 받았고, 이후 Sapir-Whorf는 강한 가설 대신에 '언어와 사고는 상호 연관성이 있다'는 약한 가설weak hypothesis인 언어 상대론을 제안하였다. 언어 상대론은 언어는 사고에 영향을 끼치며, 문화 간 언어의 차이는 사고에서의 문화적 차이와 연관이 있다고 주장하였다.

이 두 가지 가설은 언어와 사고 간 관계를 설명하는 데 있어 여전히 논란의 주제가 되고 있기는 하나, 현재까지는 '언어가 사고를 결정한다.'는 강한 가설인 언어 결정론보다는 '언어와 사고는 상호 연관성'이 있다는 약한 가설인 언어 상대론이 더 일반적으로 받아들여지고 있다.

언어 상대론을 지지한 연구는 Kay & Kempton(1984)에 의해 실시된 색채 실험이다. Kay & Kempton(1984)은 영어 화자와 북 멕시코의 우토-아즈텍어족Uto-Aztecan인 타라우마라족Tarahumara 화자를 대상으로 하여 세 가지 칩 색깔을 구분하는 실험을 하였다.

영어는 '초록색green'과 '파란색blue'를 구별하는 단어가 있지만, 타라우마라족어는 이 두 가지 색깔을 구별하지 않고, 이 두 가지 색깔을 모두 지칭하는 하나의 단어 'siyóname' 만이 있다. 본 실험의 목적은 모국어에 '초록색'과 '파란색'을 구별하는 단어의 유무를 지닌 언어가 제시된 세 가지 칩 색깔을 구별하는데 영향을 끼치는지 관찰하는 것이었다.

그 결과, 영어 모국어 화자들은 해당 언어에서 사용하는 색깔 범주에 따라 칩을 분류한 반면, 타라우마라족어 화자들은 색깔 범주에 속하지 않는 칩을 선택하는데 있어 절반 정도만 색깔을 구별할 수 있었다고 보고하였다. 이 연구결과는 사용하는 언어가 언어 사용자의 사고와 행동에 영향을 끼친다는 것을 입증하는 언어 상대론을 뒷받침하는 증거임을 보여 준다.

언어와 문화는 서로 밀접한 관계를 가지고 있으며, 언어는 문화에, 문화는 언어에 영향을 끼친다. 한 사회의 문화는 특히 어휘에 잘 묻어나 있다. 특정 사회의 문화를 잘 이해하기 위해서는 그 사회에 속한 사람들이 사용하는 언어에 대한 이해가 필요하다. 해당 사회에 속한 구성원이 사용하는 언어에 대한 이해는 다른 문화권에 속한 구성원에 대한 이해, 더 나아가 서로 다른 문화 간 차이를 이해하는 데에도 도움이 된다.

1.6.1 어휘 속의 문화

언어는 해당 사회의 독특한 문화를 반영한다. 특히 언어의 여러 특징 중에서, 해당 사회의 문화를 잘 반영하는 부분이 어휘이다. 어떤 사회에 없는 어휘가 다른 사회에 존재한다는 것은 해당 사회의 독특한 문화를 나타내는 특징이 된다. 이러한 독특한 문화적 특징을 잘 나타내는 대표적인 예로는 한국인들의 때밀이와 찜질방과 관련된 어휘가 있다.

한국인들이 몸의 각질을 제거하는 행동을 나타내는 단어인 '때밀이'를 외국인에게 영어로 설명할 때는 'remove dead skin cell' 정도로 표현한다. 때를 미는 행동에 익숙하지 않은 외국인들이 이러한 영어식 표현을 들었을 때, 때를 미는 행동에 대해 피상적으로 이해는 하지만, 직접 때를 미는 행동을 해 보지 않고는 한국의 때밀이 문화에 대해 제대로 이해하는 것은 어렵다.

한국의 독특한 문화를 나타내는 또 다른 예로는 한국 사람들이 즐겨 찾는 장소인 '찜질방'이 있다. '찜질방'은 영어로는 보통 'Korean dry sauna' 정도로 표현된다. 하지만 한국인들에게 있어 '찜질방'은 단지 건식 사우나만 할 수 있는 공간이 아닌 그 이상의 의미를 내포한다. 한국의 '찜질방'에서는 간식도 먹을 수 있고, 끼니도 때울 수 있으며, 지인들과 대화를 나눌 수 있는 공간이기도 하다. 또한 필요시에는 하룻밤 묵을 수 있는 숙박의 개념도 포함하고 있다. 이처럼 한국 사람들에게 있어 '찜질방'은 단지 건식 사우나만을 할 수 있는 장소가 아니므로, 이곳을 직접 방문하여 스스로 체험해 보지 않고서는 외국인이 이해하기가 매우 힘든 독특한 장소이다. 따라서 해당 언어 공동체에서 사용하는 어휘는 그 나라의 독특한 문화를 반영한다고 볼 수 있다.

어휘가 한 사회의 문화를 잘 반영하고 있는 또 다른 예로는 북극 지역의 이누이트족이 사용하는 '눈'과 관련된 단어가 있다. 에스키모인들은 매우 추운 날씨 속에서 얼음과 눈을 접하면서 생활하는 문화로 인해 '눈'과 관련된 어휘가 다른 문화권에 비해 풍성함을 볼 수 있다. [표 1-3]은 이누이트어의 '눈'과 관련된 어휘이다.[19]

[표 1-3] 이누이트어의 '눈'과 관련된 단어[20]

단어	의미
akitla	물 위에 떨어지는 눈
briktla	잘 뭉쳐진 눈
carpitla	얼음으로 유리처럼 변한 눈
kriplyana	이른 아침 푸른 빛으로 보이는 눈
kripya	녹았다가 다시 언 눈
rotlana	급속히 늘어나는 눈
shlim	눈 찌꺼기
sotla	햇빛과 함께 반짝이는 눈
tlapa	가루눈
tlapat	조용히 내리는 눈
tlapinti	빨리 떨어지는 눈
tlaslo	천천히 떨어지는 눈
tlaying	진흙과 섞인 눈
trinkyi	그 해의 첫 눈

다음은 유목 문화가 발달한 몽골 사람들이 사용하는 어휘에 대해 살펴보기로 한다. 몽골은 유목 문화가 발달한 까닭에 가축과 관련된 어휘가 매우 풍부하며, 이는 가축을 기르고 관리하는 문화가 반영된 결과이다.

강의현은 몽골의 유목 문화가 언어 속에 나타난 이유에 대해 다음과 같이 설명하였다.[21]

몽골어에서 말의 털빛을 가리키는 표현만 무려 240종이 있다는 게 몽골 학자들의 말이다. 이와 같이 가축과 관련된 용어가 풍부하다는 것은 가축의 사육과 관리상의 필요, 가축에 대한 애착과 관심 그리고 일상생활이 가축을 기르는 일이나 가축 산물의 이용과 밀접하게 관련되어 있는 데에서 비롯되었을 것이다. 몽골어에 가축과 관련된 속담이 풍부하게 발달한 것 또한 이들의 일상생활이 가축을 기르는 일과 밀접하게 관련되어 있기 때문일 것이다.

양, 염소, 소, 말, 낙타 등은 몽골의 중요한 가축들이다. [표 1-4]에서 볼 수 있듯이, 몽골어로 양은 '호니honi', 염소는 '야마yamaa', 소는 '욱헤르üher', 말은

'아도aduu', 낙타는 '테메temee'이다. 또한, 몽골어에는 동물의 나이에 따른 명칭이 따로 있다. 낙타의 경우, 1살은 'botgo', 2살은 'torom'이라고 하며, 말인 경우에는, 1살은 'unaga', 2살은 'daaga'라고 부른다. 심지어는 똥을 부르는 말도 가축에 따라 다르다. 양, 염소, 낙타의 똥은 'horgol'이라고 하나, 소똥은 'argal', 말똥은 'homool'이라고 부른다. 그리고 울음을 나타날 때에도 가축마다 사용되는 단어가 다르다. 양과 염소인 경우는 'mailah'라고 하나, 소, 말 그리고 낙타는 각각 'mööröh', 'yancgah', 'builah'이라고 한다.

[표 1-4] 몽골어의 가축과 관련된 어휘22

분류	양	염소	소	말	낙타
총칭	honi	yamaa	üher	aduu	temee
씨짐승	huc	uhn	buh	ajarga	buur
거세한 수컷	ireg	er yamaa	šar	mori	at
암컷	em honi	em yamaa	ünee	guu	ingge
1살	hurga	išig	tugal	unaga	botgo
2살	–	–	byaruu	daaga	torom
울다	mailah	mailah	mööröh	yancgah	builah
똥	horgol	horgol	argal	homool	horgol

한국은 농경문화가 발달한 나라로 농사와 관련된 어휘가 다른 문화권의 어휘와 비교하면 상당히 풍부하다. 우리말에는 쌀과 연관된 어휘로는 '볍씨, 벼, 쌀, 모, 나락' 등이 있다. 하지만 영어에서는 'rice', 프랑스어는 'riz'로만 나타낸다. 이 외에도 Hopi어에는 비행기, 곤충처럼 날아다니는 것을 지칭하는 단어는 하나 밖에 없다고 한다(Whorf 1956). Hopi어에 날아다니는 대상을 지칭하는 단어가 하나밖에 없다는 것은 당시의 과학문명이 다른 나라에 비해 많이 발전되지 않았음을 보여주는 것이라 할 수 있다. 이처럼 해당 언어에 나타난 어휘를 통해 그 언어를 사용하는 사람들의 문화를 엿볼 수 있다.

1.6.2 속담 속의 문화

Aristotle는 "속담이란 누구나 손쉽게 쓸 수 있는 가장 현명한 생활 용어이므로 영원히 멸망할 수 없는 옛 지식의 한 조각이다."라고 정의하였다. 지인영(1999)과 조현용(2017)은 속담에 대해 다음과 같이 설명하였다.

> 속담이란 옛날부터 민간에 전해 내려오는 알기 쉬운 격언 또는 잠언으로서 비교적 짧은 언어로 표현된 속담 글귀 속에는 그 사회 고유의 문화, 역사, 풍습, 민족성, 생활상, 특수성, 가치관 등이 구석구석 배어 있다.[23]

> 속담은 예로부터 전해오는 격언이며, 주로 교훈을 띠고 있다. 속담이 민가에서 전승되어 오는 격언이라는 점에서 문화적인 요소가 강하게 들어 있는 언어 표현이라고 할 수 있다.[24]

해당 언어의 문화는 속담 속에 쓰인 어휘 또는 언어 표현을 통해서도 유추 가능하다. 앞에서 언급했듯이, 한국은 전통적으로 쌀을 주식으로 한 농경문화가 발달하였다. 따라서 한국어 속담에는 쌀과 관련된 속담이 많으며, 특히 주식으로 삼았던 떡, 숭늉, 장 등이 많이 나타남을 볼 수 있다.

[표 1-5] 한국어 속담의 예

• 식은 죽 먹기
• 고운 일하면 고운 밥 먹는다.
• 구더기 무서워 장 못 담글까?
• 콩 심은데 콩 나고, 팥 심은데 팥 난다.
• 급히 먹는 밥이 목이 멘다.
• 누워서 떡 먹기

- 우물가에서 숭늉 찾는다.
- 벼도 익으면 고개를 숙인다.
- 남의 떡이 더 커 보인다.
- 호미로 막을 것을 가래로 막는다.
- 벼는 익을수록 고개를 숙인다.
- 부모 말을 잘 들으면 자다가도 떡이 생긴다.
- 번갯불에 콩 구워 먹는다.
- 미운 놈 떡 하나 더 준다.
- 떡 줄 사람 생각도 안하는데 김칫국부터 마신다.
- 콩 한 쪽이라도 나눠 먹어라.
- 떡 본 김에 제사 지낸다.
- 굿이나 보고 떡이나 먹지.

다음은 유목 문화가 발달한 몽골 속담의 예이다. 몽골 속담에는 유목 문화를 반영하는 가축이 많이 사용됨을 볼 수 있다.

[표 1-6] 몽골어의 속담[25]

속담	속담의 의미
암소의 털빛이 검어도 그 젖은 희다	사람이고 세상이고 외형만으로 판단해서는 안 된다는 뜻이다.
어미 말이 알록달록 하면, 그 망아지도 알록달록한 무늬를 띤다.	어른의 행동을 아이들이 보고 배우므로 행동을 조심하라는 의미이다.
놓친 말馬은 다시 잡을 수 있지만 한 번 뱉은 말들은 주워 담기 힘들다.	한 번 내뱉은 말은 취소할 수 없으니 말을 할 때는 신중하게 해야 한다는 의미이다.
자기 머리 위에 있는 낙타는 못 보면서 남의 머리 위에 있는 불火은 본다.	자기 잘못에는 관대하고 남의 잘못에는 엄격한 사람을 비꼬는 속담이다.
사람은 말들로 살고, 가축은 발足로 산다.	말이 매우 중요하기 때문에 말을 할 때에는 조리 있게 잘 말해야 한다.
사람 됨됨이는 어릴 때부터 알 수 있고, 준마駿馬는 망아지 때부터 알 수 있다.	크게 될 사람은 어려서부터 남다르다는 뜻이다.

한편, 영미 문화권에 사는 사람들은 주식으로 빵과 고기를 많이 먹는다. 따라서 빵과 고기와 연관된 단어 뿐 아니라, 서양 사람들이 즐겨 마시는 우유와 와인과 관련된 어휘가 속담 속에 많이 나타난다.

[표 1-7] 영어 속담

• A piece of cake
• A loaf of bread is better than the song of many birds.
• It's no use crying over split milk.
• Hope is the poor man's bread.
• Old friends and old wine are best.
• A crust is better than no bread.
• You can't have your cake and eat it, too.
• There is truth in wine.

이처럼 속담을 통해 해당 사회 문화를 엿볼 수 있다는 것 이외에도, 속담은 은유적이고 비유적인 표현을 통해 교훈을 전달하기도 한다. 속담은 민중의 인생 경험을 교훈적이거나 풍자적으로 전하는 문화 어구이자(안경화 2001), 언중의 경험과 교훈에서 우러난 진리를 지닌 간결하고 평범한 은유적인 표현의 관용어라고 할 수 있다(최창렬 1999:64).

[표 1-8] 교훈과 진리를 담고 있는 한국 속담

• 가는 날이 장날
• 검정개 먹 감긴다고 희어지지 않는다.
• 계란에도 뼈가 있다.
• 고기는 씹어야 맛이요 말은 해야 맛이다.
• 고생 끝에 낙이 온다.

- 구렁이 담 넘어 가듯
- 까마귀 날자 배 떨어진다.
- 낮 말은 새가 듣고 밤 말은 쥐가 듣는다.
- 달면 삼키고 쓰면 뱉는다.
- 말 한 마디에 천냥 빚도 갚는다.
- 미꾸라지 한 마리가 한강 물을 다 흐린다.
- 믿는 도끼에 발등 찍힌다.
- 벙어리 냉가슴 앓듯
- 불난 데 부채질한다.
- 선무당이 사람 잡는다.
- 손뼉도 마주쳐야 소리가 난다.
- 숭어가 뛰니까 망둥이도 뛴다.
- 시장이 반찬
- 식은 죽 먹기
- 식자 우환
- 엎드려 절 받기
- 염불에는 맘이 없고 잿밥에만 맘이 있다.
- 우물을 파도 한 우물을 파라.
- 오는 말이 고와야 가는 말이 곱다.
- 윗물이 맑아야 아랫물도 맑다.
- 천리 길도 한 걸음부터
- 팔이 안으로 굽지 밖으로 굽나
- 풍년 거지 더 섧다.
- 하나만 알고 둘은 모른다.

(박영순 2004: 95-96)

이처럼 각 나라에서 사용하는 속담은 그 나라의 문화를 반영함과 동시에 교훈을 전달하는 역할을 한다. 그렇다면, 이러한 속담이 지니고 있는 언어적 가치는 무엇인가? 이수미(2005:746)는 속담의 언어적 가치에 대해 다음과 같이 기술하였다.

> 속담은 단순히 실현 가능성만 담긴 내용, 사람들이 별로 주의를 기울이지 않는 내용 또는 일반적으로 사람들이 생각하는 것과 반대되는 내용도 전한다. 이처럼 확인된 내용만을 전하지 않음에도 불구하고 속담이 설득력을 지니는 이유는 그것의 언어적 가치가 오랫동안 대중들의 인정을 받았기 때문인데, 여기서 대중이 인정한 속담의 언어적 가치는 속담의 내용이 지니는 진실성에 있는 것이 아니라, 속담이 예측하는 결과가 현실에서 실현될 수 있다는 사실과 예측되는 결과가 실현되었을 경우 그것이 인간의 삶에 미칠 수 있는 영향이 지대하다는 사실에 있다.

1.7 언어와 사고 간 관계 : 사례 연구

다음은 사람이 사용하는 언어가 사고에 영향을 끼치는지 관찰한 사례 연구이다.

사례 연구 ❶

중국어와 영어 시제 표현 차이가 저축 확률에 미치는 영향:
'미래 구분언어'와 '미래 비구분언어' 저축 확률 간 상관관계[26]

Chen 교수는 언어의 문법체계가 해당 언어를 사용하는 사람들의 사고방식에도 영향을 미칠 것이라고 가정하여, 동사의 '시제' 체계가 다른 두 언어를 비교, 분석하였다. 중국어는 과거, 현재, 미래를 나타내는 동사 시제 변화가 없는 반면, 영어는 시제에 따라 동사의 형태가 다르게 표현되는 언어이다.

예를 들면,

　중국어에서는

- 어제 비 내리다昨天下雨,
- 오늘 비 내리다今天下雨,
- 내일 비 내리다明天下雨처럼 단순하다.

　영어에서는

- 어제 비가 왔다It rained yesterday,
- 지금 비가 내리고 있다It is raining now,
- 내일 비가 올 것이다It will rain tomorrow처럼
- 과거, 현재, 미래를 표현하는 동사의 형태가 모두 다르다.

Chen 교수는 동사 시제가 현재와 미래로 구분되는 여부에 따라 중국어처럼 현재와 미래가 구분되지 않는 언어를 '미래 비구분언어 Futureless languages'로 영어처럼 현재와 미래가 구분되는 언어를 '미래 구분언어Future languages'로 분류하였다. Chen 교수는 이러한 시제 표현 체계가 다른 언어 사용자들이 자신의 미래를 위한 대비책으로 필요한 돈을 마련하기 위해 저축을 해야 한다는 사고에 영향을 끼치는지 연구하였다.

Chen 교수는 '미래 비구분언어'를 사용하는 사람은 현재, 미래, 과거의 가치를 동일시 여기므로 '미래를 위해 현재의 행복을 일정

부분 양보할 것'이라고 가정하여, '저축을 할 확률이 높을 것'이란 가설을 세웠다. 반면, 영어처럼 '미래 구분언어Future languages'를 사용하는 언어 사용자는 '현재와 미래를 구별하며, 미래보다는 현재의 삶에 충실하는 것에 중점'을 둘 것이라 가정하여 '저축을 할 확률이 낮을 것'이라는 가설을 세웠다.

경제협력개발기구OECD에 속한 34개국과 러시아에 거주하는 사람을 대상으로 한 연구 결과, 시제를 구분하는 언어와 저축 확률 간 상관관계가 있다는 것을 발견하였다. 즉, 중국어 등 '미래 비구분 언어'를 사용하는 13개국에 거주하는 사람들이 영어와 같은 '미래구분언어'를 사용하는 22개국 사람들보다 국민총생산의 5%를 더 저축한다는 결과를 보여주었다.

따라서 사용하는 언어가 사람들의 사고방식에 영향을 끼친다는 주장을 뒷받침해주는 예로 볼 수 있다.

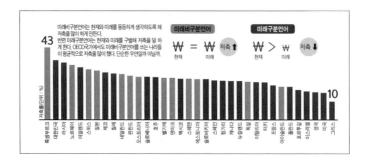

중국어와 영어 시제 표현 차이가
흡연, 비만, 피임률에 미치는 영향[27]

Chen 교수는 [사례연구 ❶]에서 시제 표현 체계가 다른 두 언어인 '미래구분언어'와 '미래 비구분언어'가 흡연, 비만, 피임률에도 영향을 끼치는지 연구하였다. 연구 결과, 중국어 등 미래 비구분언어 사용자들의 흡연율이 20~24% 낮았고, 비만율도 13~17% 낮았다. 반면에 성관계에서 콘돔을 사용할 확률은 21% 높았다. Chen 교수는 언어 문법 체계와 흡연, 비만, 피임률 간 상관관계는 높게 나타났다고 보고하면서, 이러한 결과에 대해 "미래를 현재와 동등하게 생각하는 언어권일수록 미래의 기쁨을 위해 현재의 고통을 감수하는 성향이 있다."고 해석했다.

❶ 언어와 사고 간 관계를 설명하는데 있어 언어와 사고가 상이하다는 견해
가 있다. 여러분은 세 가지 견해 중에서 어떠한 관점이 더 설득력이 있는
지 그 이유에 대해 설명하시오.

❷ 사피어-워프 가설은 언어와 사고 간 관계를 설명하는데 있어 우리가 사용
하는 언어가 사람들의 사고방식에 영향을 끼친다고 주장하였다. 이에 대
해, Pinker는 언어와 사고는 서로 독립적이고 사람들은 사고할 때 '멘탈리
즈'라는 언어를 사용한다고 주장하면서 사피어-워프 가설을 반박하였다.
이 두 가설 중에서 어떤 가설이 더 설득력이 있는지 논의해 보시오.

❸ 각 언어의 어휘와 속담은 그 나라의 문화를 반영한다는 것을 살펴보았다. 한국어, 영어, 몽골어 이외에 다른 언어에서 해당 국가의 문화를 나타내는 어휘와 속담에 대해 구체적인 예를 들어 설명해 보시오.

❹ '미래 비구분 언어'와 '사고방식'간 관계를 연구한 사례 결과에 대한 자신의 생각을 말해 보시오.

❺ 영화 '컨텍트'(원제 'Arrival')는 외계인과의 의사소통 과정을 묘사하면서 사피어-워프 가설을 차용하고 있다. 외계인의 언어를 이해하면 외계인처럼 사고하는 것이 가능하지 언어와 사고의 관점에서 자신의 생각을 펼쳐 보시오.

Notes:

[1] Understanding that languages and their cultures do possess relationships central to the acquisition of linguistic and cultural competency is a good starting point for any approach to language education. The creation and enforcement of an integrated language policy that reflects the need for learners to be educated about both target culture(s) and language(s) is needed if language learners are to be expected to achieve any degree of real competency in any language(Elmes 2013:15).

[2] According to Byram et al.(1994:4), knowledge of the grammatical system of a language [grammatical competence] has to be complemented by understanding of culture-specific meanings [communicative or rather cultural competence]. Added to this, Kramsch(1993:1) noted the importance for the knowledge of a grammatical competence and communicative or cultural competence as follows:

Culture in language learning is not an expandable fifth skill, tacked on, so to speak, to the teaching of speaking, listening, reading, and writing. It is always in the background, right from day one, ready to unsettle the good language learners when they expect it least, making evident the limitations of their hard-won communicative competence, challenging their ability to make sense of the world around them.

[3] Wardhaugh(2002:2) defines language to be "a knowledge of rules and principles and of the ways of saying and doing things with sounds, words, and sentences rather than just knowledge of specific sounds, words, and sentences."

[4] Jose, J. 2015. The Difference Between Animal and Human Communication. (Retrieved from https://owlcation.com/stem/The-difference-between -animal-and-human-communication)

[5] The first person who had used the term 'mutual intelligibility' was Peter Trudgill in his book "Sociolinguistics: an Introduction" in 1974. Mutual intelligibility is the extent to which speakers from two or more speech communities can understand each other. It is a relationship between languages or dialects in which speakers of different but related languages can readily understand each other without intentional study or extraordinary effort. It is sometimes used as a criterion for distinguishing languages from dialects. (Retrieved from https:// www.slideshare.net/AllahAkbarAkbar/ mutual-intelligibility)

6 소쉬르가 주장한 시니피앙과 시니피에의 개념은 언어학 뿐 아니라 다른 여러 분야에 적용되어 사용되었다. 월간 미술에서는 이 두 개념을 예술분야에 적용하여 다음과 같이 설명하였다.

"표현되어진 기호가 시니피앙이라면, 시니피에는 그 기호가 의미하는 내용을 가리킨다. 20세기 초까지만 해도 기호는 구체적인 사물을 나타내는 표시로 간주되며 사물과의 필연적인 관계를 지니는 것으로 여겨져 왔다. 그러나 스위스의 언어학자인 소쉬르는 기호란 분리 가능한 두 개의 요소, 즉 시니피앙과 시니피에로 구성되어 있다고 주장하였다. 그는 기호 속의 발음을 시니피앙, 그 발음에 의해서 생기는 관념적 내용을 시니피에로 간주하였다. 그리고 이들 간의 상호 불가분의 개념을 언어의 본질로 규정하면서 기호와 사물의 관계는 우연적인 결합에 불과하다고 역설하였다. 소쉬르의 이러한 이론은 언어학뿐만 아니라 구조주의에 영향을 주었다. 구조주의를 대표하는 프랑스의 정신과 의사이자 정신 분석학자인 카크라캉Jacques Lacan은 시니피앙의 우위를 나타내며, 시니피앙과 시니피에 사이의 경계선 결여가 정신병을 초래한다며 이를 정신 병리학에 원용하였다. 예술에 있어서도 작품의 감각적 표현 양식과 그 이념적 내용의 관계가 이 같은 상호 불일치를 초래할 수 있다. 한편 롱랑 바르트 Roland Barthes는 시니피앙이란 우리가 눈으로 볼 수 있는 이미지 자체이고, 그 뒤에 숨어 있는 함축적인 의미와 내용이 시니피에라고 주장하였다. 그는 『신화 Mithology』(1957)에서 어떤 사물에 점점 이야기를 붙여서 눈사람처럼 확대되어 가는 상황을 신화라고 설명하였다. 시니피앙과 시니피에를 둘러싼 언어학적 방법론은 현대 미술에도 적용되었다. 신구상회화 화가들은 그림에 어떤 의미를 담을 것인가 하는 문제를 바르트의 언어이론인 시니피에와 시니피앙을 미술에 도입함으로써 해결하였다. 예를 들어 아이요 Gilles Aillaud의 동물원 연작에서 동물원 그림 자체는 시니피앙이고, 동물원과 같은 인공적인 환경에 갇혀있는 현대인의 모습은 시니피에인 것이다. 신구상회화 작가들이 바르트의 『신화』를 읽었고 그로부터 영향을 받았다는 사실은 1967년 〈일상의 신화〉라는 그들의 전시회 명칭에서도 알 수 있다."(Retrieved from http://monthlyart. com/encyclopedia/시니피앙 -시니피에)

7 Manbrol, N. 2016. Linguistic Sign. (Retrieved from https:// literariness. org/2016/03/20/linguistic-sign/)

8 The diversity of languages is not a diversity of signs and sounds but a diversity of views of the world. - Wilhelm von Humboldt, 1820.

9 Humboldt claims that "Language is, as it were, the external manifestation of the minds of peoples. Their language is their soul, and their soul is their language. It is impossible to conceive them ever sufficiently identical."(Alias 2016:23 인용)

10 Alias, A. B. 2016. Wilhelm Von Humboldt: A Critical Review on His Philosophy of Language, Theory and Practice of Education. Journal of Creative Writing 2(2): 21-29.

11 김병춘 & 박일환. 2014. 「재미있는 날씨와 기후 변화 이야기」. 서울: 가나출판사.

12 김한영. 2013. 「모든 언어를 꽃피게 하라」. 서울: 모멘토.

13 김한영. 2013. 「모든 언어를 꽃피게 하라」. 서울: 모멘토.

14 David, T. 2004. Talk it through. (Retrieved from https://www. nurseryworld. co. uk/nursery-world/news/1101203/talk)

Piaget's central interest was children's cognitive development. However, he theorized that language was simply one of children's ways of representing their familiar worlds, a reflection of thought, and that language did not contribute to the development of thinking. Cognitive development, he argued, preceded that of language.

15 내 머리속과 여러 책들. 2008.04.15.

16 McLeod, S. 2018. Lev Vygotsky. (Retrieved from https://www. simplypsychology. org/vygotsky. html)

For Vygotsky, thought and language are initially separate systems from the beginning of life, merging at around three years of age. At this point speech and thought become interdependent: thought becomes verbal, speech becomes representational. When this happens, children's monologues internalized to become inner speech. The internalization of language is important as it drives cognitive development.

'Inner speech is not the interior aspect of external speech - it is a function in itself. It still remains speech, i.e., thought connected with words. But while in external speech thought is embodied in words, in inner speech words dies as they bring forth thought. Inner speech is to a large extent thinking in pure meanings. '(Vygotsky, 1962:149)

17 Strong and weak versions of Sapir-Whorf hypothesis. 2013. (Retrieved from https://blogonlinguistics. wordpress. com/2013/ 09/25/ strongweak-versions of-sapir-whorf-hypothesis)

"The theory of linguistic relativity is known in two versions: the strong hypothesis(=linguistic determinism) and the weak hypothesis (=linguistic relativity). It is necessary to clarify that the words "strong" and "weak" are not related to the strength of the scholarly argumentation, but rather to the degree to which language is assumed to influence our thought and behaviour. According to the strong version, the language we speak determines/constraints the way we think and view the real world. According to the weak version, the language does influence to some extent the way we think and view the real world, however, does not fully determine or constraint it."

18 Cognitive semantics wants to extend Chomsky's claim of the sameness of all languages to meaning as well. These semantics say that, in principle,

we all share the same language, the so-called language of thought, these days often called 'mentalese'(Fodor 1975; Pinker 1994). When we speak, they say, we translate an expression in mentalese into a natural language, and as hearers, we re-translate the natural language expression we hear back into mentalese(Halliday et al. 2004: 94).

19 Inuit Words for Snow. 2005. (Retrieved from http://www.mendosa. com/ snow.html)

The Great Inuit Vocabulary Hoax is anthropology's contribution to urban legends. It apparently started in 1911 when anthropologist Franz Boaz casually mentioned that the Inuit-he called them "Eskimos," using the derogatory term of a tribe to the south of them for eaters of raw meat-had four different words for snow. With each succeeding reference in textbooks and the popular press the number grew to sometimes as many as 400 words. In fact, "Contrary to popular belief, the Eskimos do not have more words for snow than do speakers of English," according to linguist Steven Pinker in his book The Language Instinct. "Counting generously, experts can come up with about a dozen."

20 http://www.cld-korea.org/diversity/diversity2_2_9.php

21 강의현. 2012. 유목 문화 속에서 계승되어 온 몽골 사람들의 속담_몽골편. (Retrieved from https://blog.naver.com/wookey911/40153567998)

22 가축과 관련된 몽골어속담. 2016. (Retrieved from https://blog. naver. com/ neomgl/ 220587992174)

23 지인영. 1999. 「영어속담과 한국 속담에 나타난 생활문화 비교」. 한국체육대학교 교양교육 논문집 4: 111-123.

24 조현용. 2017. 「한국어, 문화를 말하다: 한국어 문화언어학 강의」. 서울: 하우.

25 강의현. 2012. 유목 문화 속에서 계승되어 온 몽골 사람들의 속담_몽골편. (Retrieved from https://blog.naver.com/wookey911/40153567998)

26 외계인 언어 이해하면 그들처럼 생각할 수 있을까?. 2017. (Retrieved from http://dl.dongascience.com/magazine/view/S201505N037)

27 외계인 언어 이해하면 그들처럼 생각할 수 있을까?. 2017. (Retrieved from http://dl.dongascience.com/magazine/view/S201505N037)

제2장

사회언어학

사회언어학sociolinguistics은 인간이 자연스럽게 발화하는 사회적 문맥 social context 속에서 화자와 청자 간 상호작용을 하는데 있어 사용하는 언어를 실험적으로 연구하는 학문이다(Columbus 2003: 563).[1] 이익섭(1994:14)은 사회언어학에 대해 다음과 같이 기술하였다.

> 사회언어학은 이렇듯 언어의 참모습을 밝히기 위해 공략하는 여러 갈래의 길 중의 하나이되 언어를 특히 그 사회적 문맥social context에서 관찰하는 분야다. 언어를 사회와 유리된 모습, 일정의 추상적인 체계로서가 아니라 바로 그 사회 속에서의 언어 사용language use을 관찰의 대상으로 삼는, 다시 말하면 어떤 말이 누가 언제 누구에게 어떤 목적으로 한 말인지를, 즉 그 언어 항목의 사회적 분포 및 의미를 필수적인 고려의 대상으로 삼는 언어학이다.
>
> 한 마디로 사회언어학은 사회와의 관계 속에서의 언어 연구(Hudson 1980:1)

실제 화자들이 사용할 때의 사회적 문맥 및 상황적 문맥 속에서의 언어

에 대한 연구(Milroy & Milroy 1990:485)

　　사회언어학 연구에 있어서 가장 중요한 부분은 자연스럽게 발화하는 '사
회적 문맥'이다. 사회언어학은 가상 또는 추상적인 세계가 아닌 실생활에
서 발화된 언어 사용에 대해 연구한다는 점에서, '사회적 문맥'이란 요소는
사회언어학을 잘 기술하는 가장 두드러진 특징으로 요약할 수 있다(이익섭
1994:14). 실제 발화한 언어음은 화자와 청자 간 의사소통을 하는데 있어 의
미적 정보 뿐 아니라, 화자에 대한 정보, 화용론적 의도 그리고 감정 상태
emotional status 등을 나타내는 풍부한 지표적 정보indexical information를 제공
한다(Abercrombie 1967).

　　이처럼 사회언어학은 사람들이 실제 발화한 언어음을 음운, 단어(또는 어
휘), 문장의 통사(문법) 구조와 같은 다양한 언어학적인 관점으로 분석한다. 그
다음, 언어학적 분석 결과를 바탕으로 언어 사용자의 방언, 성별, 연령, 사회
계층, 교육 정도 등과 같은 다양한 사회적 요인social factor에 따른 차이를 보
이는지 양적 연구 방법인 실증적이고 통계적인 분석 방법을 적용하여 과학
적으로 연구한다(Hudson 1996).

　　따라서 사회언어학은 사회적 요인에 따른 특정 화자 집단에서 나타난 언
어 변이language variations를 관찰하는데 주된 관심이 있다. 사회언어학적인 관점
에서 화자에 따른 언어음 변이 현상에 대해 연구하려면 연구자는 기본적으로
음성학, 음운론, 형태론, 통사론, 의미론, 화용론 등과 같은 언어학적 이론 배
경 지식을 지니고 있어야 한다. 왜냐하면, 언어학에 대한 이론적 지식을 가지
고 있어야만 화자와 청자 간 언어음 발화 현상에 대해 면밀하게 관찰하는 것
이 가능하기 때문이다. 또한 언어음 현상에 나타난 결과를 여러 요인들 간 상
관관계에 대해 살펴보기 위해서는 통계학에 대한 지식도 요구된다.

　　사회언어학 연구의 기본 핵심은 Fishman(1972:244)이 언급한 것처럼, 누가
언어음을 발화하였는지, 어떤 언어를, 누구에게, 언제, 어떠한 목적을 가지

고, 어떠한 상황 속에서 말하고 있는지가 현장 연구에서 고려되어져야 한다. 다시 말해서, 사회언어학은 언어 현상을 이론적으로만 설명하는 것이 아니라, 실제 발화한 음을 이론적 틀에서 분석하는 학문이다.[2] 박영순(2001)은 순수언어학과 사회언어학의 특징에 대해 다음과 같이 기술하였다.

[표 2-1] 순수언어학과 사회언어학의 비교

	순수언어학(변형문법)	사회언어학
연구대상	순수 문법적 언어능력	순수문법적인 언어능력+ 사회언어학적 능력+언어수행
문장의 판정	문법성	사회적 맥락에 따른 용인성 · 적절성
논지전개 방법	화자의 언어직관 (이상화된 자료)	언어직관+현지 조사에서 얻은 자료 (사실에 가까운 자료)
언어사회관	연역적 방법	연역적 방법 + 귀납적 방법
의미 파악	동질 · 획일 분절적으로	이질 · 다양 연속적으로
규칙기술 방법	1차적 · 순수 언어학적 의미만 파악 범주적 규칙	1차적 · 순수 언어학적 의미 + 사회 · 상황적 맥락의 의미 범주적 + 비범주적 규칙

(박영순 2001:19)

사회언어학은 거시 사회언어학macro sociolinguistics과 미시 사회언어학 micro sociolinguistics으로 분류한다. Coulmas(1997)는 사회언어학의 두 가지 접근 방법의 차이에 대해 다음과 같이 설명하였다.

미시 사회언어학은 사회적 구조가 사람이 말하는 방식에 영향을 끼치는 방식과 언어 변이와 언어 사용 유형이 사회 계급, 성별과 연령과 같은 사회적 요인과 상호 관련성이 있는지에 대해 연구한다. 반면에, 거시 사회언어학은 사회와 언어 간 연관성이 있는지에 초점을 두어 연구한다. 즉, 사회에서 언어음 형태의 기능적 분포를 설명하는 태도, 언어 전이, 유지,

교체, 언어음 공동체의 결정과 상호 작용에 중점을 둔다.(Coulmas 1997 :2)

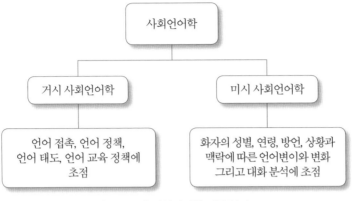

[도표 2-1] 사회언어학 연구 분야

이 책에서는 사회언어학의 접근 방법 중 미시 사회언어학적 관점으로의 언어 현상에 대해서만 살펴보고자 한다.

2.1 사용영역어

일반적으로 사람들은 말을 하는 경우, 화자와 청자 간 관계, 대화가 이루어지는 상황 등과 같은 여러 가지 요소를 고려하여, 이에 적절한 어휘나 문장을 사용한다. 가령 화자는 상대방에게 말을 할 때, 친밀한 정도에 따라 사용하는 말 또는 말투가 달라진다. 어른이 아이에게 말을 걸 때, 상대방이 나이가 어리거나 또는 많은 사람과 이야기를 할 때, 집과 직장에서 사용하는 어휘 및 말투, 친구들 간 대화 등 상황에 따른 적절한 단어와 문장 표현의 선택은 언어 사용에 영향을 끼친다. 이처럼 언어음이 발화되는 상황에 따라 사용되는 언어 변이를 사용영역어registers라고 한다. 사용영역어는 주로 특정 발화 상황과 연관이 있으며, 이는 어휘, 음운, 통사론적 관점에서 변별적인 차이를 나타낸다(Kortmann 2005).[3]

사용영역어는 특정 발화 상황에서 사용되는 언어 변이를 일컬으며, 이는 종종 언어 형식style[4]과 같은 의미로도 사용된다. Joos(1962)는 저서 『*The Five Clocks*』에서 언어 형식을 다음과 같이 다섯 가지로 구분하였다.

Wardhaugh(2001)는 사용영역어를 특정 사회 계층에 속하거나 또는 특정 직업에 종사하는 사람들이 사용하는 어휘 영역이라고 정의하였다.[5] 특히, 직업과 관련된 사용영역어에는 의사가 사용하는 용어, 군인이 사용하는 용어, 법원에서 사용하는 용어 등이 이에 해당된다. 이처럼 직업과 관련된 사용영역어를 전문 용어Jargon라고 부른다.

[표 2-2] Joos(1962)의 언어 형식 구분

냉각적 fronzen	• 불변의 발화 • 모든 발화에서 똑같은 의미를 지닌다. • 예) 만들어진 노래, 시, 발라드
형식적 formal	• 독백monologues • 청자는 참여하지 않는다. • 종종 형식적 문맥에서 사용한다.
합의적 consultative	• 대화dialogues • 사전 지식이 있다고 가정하지 않는다. • 청자와 화자가 적극적으로 참여한다. • 준공식적semi-formal 문맥에서 사용한다.
일상적 casual	• 대화 • 지식이나 정보를 공유한다. • 청자와 화자가 적극적으로 참여한다. • 비공식적 문맥에서 사용한다.
친교적 intimate	• 비언어적인 의사소통 • 가족과 친한 친구 관계에서 사용한다. • 익숙한 문맥에서 사용한다.

2.2.1 호칭어

　동일한 사람을 지칭할지라도 상황에 따라 사용하는 호칭은 달라진다. 상대방을 지칭하는 호칭어terms of address는 대화가 이루어지는 상황, 상대방과의 친밀도, 연령 등과 같은 요소에 따라 달라진다. 가령 대통령의 아내가 자신의 남편을 부를 때는 사적인 자리에서는 '여보', '당신', '~아빠', '~씨' 등과 같은 호칭을 사용하지만, 공식적인 자리에서는 '대통령' 또는 '대통령님'이라고 부른다. 또 다른 예로, 만약 'John'이라는 사람의 직업이 판사라면, 친구나 가족들은 판사인 'John'을 지칭할 때 비공식적인 상황에서는 이름을 부르나, 법정에서는 '재판장님'으로 높여서 호칭한다.

　호칭어의 사용은 상대방의 연령에 따라서도 달라진다. 즉, 상대방의 나이가 화자보다 많고 적음에 따라서 사용하는 호칭은 다르며, 특히 상대방의 연령 또는 지위가 화자보다 높은 경우에는 보통 접미사 '-님'을 붙여서 존칭어를 만든다.

[표 2-3] 한국어 존칭어

대상	존칭어
아버지/ 어머니	아버님 / 어머님
할아버지 / 할머니	할아버님 / 할머님
형 / 누나	형님 / 누님
선생 / 스승	선생님 / 스승님
사범	사범님
여사	여사님
의사	의사선생님
판사	판사님
원장	원장님

반대로 대화 상대가 화자와 연령대가 비슷하거나 또는 연령에 관계없이 상대방과의 친밀도가 낮은 경우, 상대방에게 말을 걸때는 일반적으로 이름first name 또는 성명full name에 '~씨'를 붙여서 부른다. 예를 들면, 상대방의 이름이 '김지호'라면 '김지호 씨' 또는 '지호 씨'라고 부른다. 그러나 상대방의 지위가 화자보다 낮은 경우에는 성last name에 '~씨'를 붙여 '김씨'라고 부르기도 한다. 또한 병원이나 공공장소 등에서 고객을 부를 때에는, 상대방의 이름에 '~님' 또는 '~씨'를 붙여서 '김지호 님' 또는 '김지호 씨'라고 부른다.

(김지호에게 차를 권하는 경우)
지호씨 또는 김지호씨, 어떤 종류의 차 드시겠어요?

(의사를 만나기 위해 대기실에서 기다리고 있는 사람을 부르는 경우)
김지호님 또는 김지호씨, 들어오세요.

그러나 상대방의 나이가 화자보다 어리거나 같은 경우, 또는 화자와 청자가 서로 잘 알고 있는 경우에는, 이름 뒤에 '~아' 또는 '~야'를 붙여서 부르기도 한다.

(점심을 먹었는지 물어보는 경우)
민준아, 점심 맛있게 먹었니?

(시간이 있는지 묻는 경우)
희주야, 너 내일 시간 있니?

2.2.2 속어

특정 집단에 속한 사람들이 비공식적인 상황에서 사용하는 사용영역어를 속어slang라고 한다. 속어는 일반적으로 비공식적인 상황과 일상 대화에서 빈번히 사용되는 언어로, 기존 단어나 구에 새로운 의미를 확장시키거나 또는 새로운 단어인 신조어를 만들어 사용하기도 한다(Chen 2006). 속어는 어휘 뿐만 아니라, 음운, 형태론적 또는 통사적 단계에서도 나타날 수 있다(Dai & He 2010).

> An informal style of speech often sees the frequent occurrence of slang, which may be a single word, a group of words or a sentence. Slang is highly informal and is often used in colloquial speech. It is a part of a language that is usually outside of conventional or standard usage and may consist of both newly coined words and phrases and of new or extended meanings attached to established terms. (Chen 2006:260)

> Slang is kind of speech variety. Speech variety, or language variety, refers to any distinguishable form of speech used by a speaker or a group of speakers. Linguistic features of a speech variety can be found at the lexical, the phonological, the morphological, or the syntactical level of the language. (Dai & He 2010:111)

화자가 상대방과 대화를 나눌 때 속어를 사용하는 것은 속어라는 매개를 통해 화자 자신이 상대방과 동일 집단에 속해 있음을 나타내기 위한 친밀감의 표시로, 이는 동질감과 소속감을 느끼게 한다. 따라서 적절한 속어의 사용은 사람들 간 친밀감을 형성하는데 도움을 주는 순기능이 있다. 그러나 지나친 속어의 사용은 속어를 이해하지 못하는 사람들로 하여금 소외감을 느끼게 하며, 동시에 상대방과 화자는 동일 집단에 소속되지 않은 집단 폐쇄성을 나타내는 부정적인 기능을 가진다. 또한 지나치게 속어를 많이 사용하는 화자는 교양이 없는 사람으로 여겨질 우려가 있으므로 적절한 상황에서 적당한 속어의 사용이 요구된다.

속어가 지닌 기능에 대해 '특정 부류의 제한된 용법으로서의 속어가 하위 집단의 경계만이 아니라, 그 이상의 사회적 목적으로 사용되므로 이에 대한 사회학적 속성을 통한 기능에 대해 살펴볼 필요가 있다.'고 박덕유(2008)는 지적하였다. 박덕유는 대학생들이 사용하는 특수어인 은어와 속어에 대한 연구에서 20세기와 21세기 대학생들이 사용하는 은어와 속어는 특성에 있어 시대별로 차이를 보인다고 설명하였다.

> 20세기 대학생들이 사용하는 속어는 풍자, 반어, 유희, 신기, 해학적 기능을 통해 당시 사회적 상황을 시대별로 잘 드러낸 반면에, 21세기의 은어와 속어는 인터넷 용어와 게임용어가 상당히 많았으며, 어법에 맞지 않고 사용하는 어휘도 상당수에 이르는 것으로 조사되었다. 즉, 21세기의 은어와 속어의 특성은 언어적 유희에 치중하는 현상을 보여 주고 있으며, 또래 집단만이 알 수 있는 은어적 기능이 강화된 것으로 볼 수 있다. (박덕유 2008:515)

[표 2-4]와 [표 2-5]는 박덕유(2008:515-525)가 제시한 20세기와 21세기 시대별 은어와 속어의 특성을 나타낸 예의 일부이다.

[표 2-4] 20세기 시대별 은어와 속어의 특성과 실례

연대	시대적 특성	실례
1960	당시 박정희 집권 당시의 정치와 시대적 상황을 나타냄	데이트(걸어다니는 데이트), 미스터 막(그 사람이 최고야(박정희 최고회의장)
	사회생활의 변화와 관계되는 은어로 풍자성, 은유성을 드러냄	미쓰 무르팍(치마를 짧게 입은 아가씨), 노란 샤쓰 입은 사나이(말이 적은 사람 〈말없는 그 사람은), 목사(안경 쓴 남자) 등
	서구와 학생 생활에 관계되는 은어를 이용한 재치와 기지를 보여줌	룸 나인(room nine, 방귀), 독 테이블(dog table, 개판), 호반의 벤치(남녀의 만남 장소 빵집)
1970	당시 유행하던 광고를 이용하거나 외래어 및 외래어와 혼합함으로써 재치와 유희적 특성을 보여줌	코카콜라 사랑(오직 그것뿐), 퍼모스트 사랑(주고 싶고 받고 싶은 사랑), 알프스 드링크(A학점), 박탄 디(D학점), 인트턴트(하루살이 파트너)
	당시 사회상을 반영하는 것이 많음	주식회사(대학교), 새마을 산수공부(화투), 까만물(커피), 칸트(고민), 고래잡이(포경수술), 판돌이·판순이(다방 DJ), 칼집(양식집), 솥뚜껑운전수(식모)
	보통어의 전의로 부정적인 의미의 것이 많음	D학년·벽돌부대·재돌이(재수생), 개구멍받이·벽돌생·14케(청강생), 반짝교수(늦게 들어와서 일찍 나가는 교수), 공생공사(시험답안지 바꾸기), 명강(휴강)
1980	당시의 시대적 상황이나 권위주의를 배격하고 불만을 발산하는 풍자가 돋보임	짭새·짭시·짱부(형사), 폴리교수(정치에 적극 참여하는 교수), 장국밥 선거(부패선거), 국제호텔(형무소), 무광화호텔(경찰서), 삼수갑산(파출소), 파쇼팅(주최측이 마음대로 마음에 드는 파트너를 정하는 독자적 미팅)
	유희성으로 흥미와 쾌감을 줄 뿐 아니라, 기지와 재치가 보임	8.15(모자라는 사람), 4.8작전(커닝), 18금(데이트 자금을 공동부담하자는 남자), 24금(데이트 자금을 전혀 안내는 남자), 방정식(애인이 여러 사람 있는 것), 옳소법칙(조는 학생), 오징어 땅콩팅(심심풀이), 차이코프스키(백조), 소월(금잔디), 정거장(신탄진)
	산업사회의 영향과 광고, 선전 등을 활용한 것이 많음	뽕뽕팅(전자오락 게임 성적결과에 따른 만남), 골드핑거(학점이 후한 교수), 비실비실(B,C), 시들시들(C,D), 권총(F), 바캉스용 학점(여름학기 학점), 두꺼비(진로), 새마을 소주(냉수), 용비어천가(막걸리), 하이타이(맥주)

1990	당시 사회적 모순에 의한 저항적인 표현으로 기존 어휘의 의미를 어두문자의 결합으로 재해석하여 반어적으로 표현함	공자(공장에 다니는 사람), 군자(군고구마집 아들), 귀공자(귀한 공부 시간에 잠만 자는 학생), 노약자석(노련하고 약삭빠른 자가 앉는 자리), 무능력자(무한한 능력이 있는 사람), 미친놈(아름답고 친한 놈), 미인 (미친 인간), 바보(바다의 보배), 석학(돌대가리), 우등생(우주에서 떨어진 등신같은 생물), 장학생(장차 학업을 포기할 의사가 있는 사람)
	오락성의 특성으로 진부한 생활을 탈피하고 싶은 욕구의 유희적인 것이 많음	국보손실(내가 죽는 경우), 수학여행(가출했다가 돌아오다), 숲속의 빈터(대머리), 자체휴강(혼자 수업 빼먹기), 조미료학점(2.5)
	본래의 의미에서 벗어나 연상의 관계로 해석하여 다른 의미로 사용하는 것이 많음	삐삐얼다(연락이 안 오다), 원고(1차 학사경고), 인생강의실(술집), 캔디(삐삐가 안 오는 사람), 허위자백서(엉터리 답안지), 2호선 타다(명문대에 가다), AIDS(걸리면 죽는다, 무서운 선생님), dog table(개판), hot dog(보신탕)

[표 2-5] 21세기 시대별 은어와 속어의 특성과 실례

2000년대 특성	실례
인터넷 등 통신어 사용의 확대	강퇴(강제퇴장), 긁어오다(리포트 쓸 때 인터넷에서 그대로 복사해 옴), 넷심(네티즌의 마음), 떡밥(화제, 이얏기거리), 득템(아이템을 얻음), 불펌(불법으로 나의 글 도용), 성지순례(유명한 게시물을 방문하다), 인터넷폐인(인터넷에 미친 사람들), 해피캠퍼스에 가다(리포트를 모아 놓은 사이트에서 리포트를 돈주고 사온다는 의미)
게임 용어 등장	강간당하다(컴퓨터 게임을 했을 때 상대방에게 비참할 정도로 패한 것을 의미), 갠전(개인전의 준말로 개인 대 개인의 게임), 발리다(게임에서 한쪽의 전략에 완전히 속아 제 실력을 발휘하지 못하고 짐), 오링(올인에서 나온 말로 돈을 모두 잃거나 쓴 것), 팀킬(게임상에서 같은 편을 죽임), 피(게임할 경우 체력이 바닥났을 때 '피가 딸린다'고 함)
상당수 어휘가 어두문자의 결합으로 이루어짐	기포(기말고사를 포기하다), 노사모(노무현을 사랑하는 모임), 닥공(닥치고 공부하라는 말), 대닥군(대등은 닥치고 군대라는 말), 동방(동아리방), 듣보잡(듣도 보도 못한 잡놈), 반장(반액 장학금), 밥터디(밥 먹는 스터디의 집단), 볼매(볼수록 매력있다는 뜻), 삼소(삼겹살과 소주), 소백산맥(소주, 백소주, 산사춘, 맥주), 썩소(썩은 미소), 안습(안구에 습기 차다는 의미로 눈물이 난다는 뜻), 여휴(여학생휴게실), 자소서(취업시 제출하는 자기소개서의 준말), 중동(중앙동아리), 출책(출석체크)

어법에 맞지 않는 어휘	갠춘하다(괜찮다), 값(개병신), 긱사(기숙사), 냉무(내용 없음), 네이년(네이버 지식인), 넬(내일), 뭥미(뭐임을 잘못친 경우), 셤(시험), 안농(안녕), ㅇ벗어(없어), 오나전(완전), 식고자라('씻고 자라'에서 변형된 말고 '그냥 잠이나 자라), ㅉㅇ (짜증), 재섭다(재수없다), 칙오 (최고), ㄱㄱ(고고), ㄴㄴ(노노), ㄱㅅ(감사), ㄷㄷㄷ(덜덜덜), ㅅㄱ(수고해), ㅇㅇ(응), ㅇㅆ(알써, 알았어), ㅇㅋ(OK), ㅈㅅ(죄송)

한국어에서 뿐만 아니라, 미국 속어 또한 독특한 특징을 가지고 있다. Zhou & Fan(2013)은 미국 속어에 대해 유머humor, 간결conciseness, 독창성originality, 불안 정성instability과 같은 네 가지 특징을 지니고 있다고 다음과 같이 언급하였다.

첫째, 미국 속어는 운rhyme을 사용하여 이해하고 기억하기 쉬운 이미지를 준다. 예를 들면, 월등히 뛰어난 사람 또는 것outstanding people or thing을 나타내는 표현을 'bee's knees', 사소한 것(일)trifle을 나타내는 표현은 'fender-bender' 그리고 축제carnival는 'razzle -dazzle'로 나타낸다.

둘째, 미국 속어는 단순하고 간결한 특징을 지니고 있다. 속어가 단순하고 간결하다는 느낌을 주기 위해 단어의 일부만을 사용하기도 하고, 긴 단어나 구의 경우에는 단음절 등을 사용한다. 예를 들면, 어리석은 사람stupid person 을 뜻하는 속어는 'simp', 부통령vice president은 'veep' 그리고 세련됨refined, sophisticated을 나타낼 때에는 'classy'로 표현한다.

셋째, 미국 속어는 독창성을 지니고 있다. 가령 젊은 사람들이 어떤 사물이나 행동을 묘사하거나 단어를 가지고 말장난을 하면서 생겨난 단어들이 이에 해당된다. 예를 들면, 살아있는 사람living man은 'live wire', 소방관fireman 은 'smoker eater', 비행기plane는 'flying coffin', 뇌brain는 'think-machine', 다이아몬드diamond는 'sparkler' 그리고 손hand은 'picker'와 같은 비형식적인 형태로 사용하기도 한다.

넷째, 미국 속어는 시대 변화에 매우 민감한 경향을 나타내는 동시에 사용 지속성에 있어서도 불안전한 특징을 나타낸다. 즉, 일정 기간 동안 사용되다가 표준어로 되는 경우도 있지만, 이러한 경우는 극히 드물다. 예를 들면,

'gay'라는 단어는 1930년대에는 동성homo sexual을 의미하는 속어였으나, 지금은 표준 용어로 사용되고 있다. 또한 속어는 시대 변화에 매우 민감한 경향을 나타낸다.

2.2.3 전문 용어

전문 용어Jargon는 특정 집단에 속한 사람들이 사용하는 용어로, 특정 문맥 밖에서는 종종 다른 의미를 나타내기도 한다. 위키피디아에서는 전문 용어를 다음과 같이 설명하였다.

> Jargon is the specialized terminology associated with a particular area of activity. Jargon is normally employed in a particular communicative context and may not be well understood outside that context. The context is usually a particular occupation(that is, a certain trade, profession, vernacular, or academic field), but any ingroup can have jargon. The main trait that distinguishes jargon from the rest of a language is special vocabulary—including some words specific to it, and often different senses or meanings of words, that outgroups would tend to take in another sense—therefore misunderstanding that communication attempt.[6]

전문 용어는 주로 특정 직업과 연관된 것으로, 해당 직종에 종사하지 않는 사람들인 경우, 전문 용어를 이해하기가 힘든 경우가 많다. 가령, 자르는데 사용하는 도구를 언급할 때에는 일반적으로 '칼'이라는 단어를 사용하나, 병원에 종사하는 의사나 간호사들은 자르는데 사용하는 의료용 도구를 '메쓰'라고 한다. 단어 '메쓰'는 병원과 관련된 특정 집단에 속한 사람들이 사용하는 용어로,

대화 속에서 이 단어를 자주 언급한다는 것은 대화에 참여한 사람들의 직업이 병원과 관련이 있다는 것을 암시한다. 이처럼 특정 단어의 사용은 해당 구성원들이 어떤 집단에 속해 있는지 짐작 가능하게 한다.

다음은 의료계, 사업, 경찰, 군에 종사하는 사람들이 사용하는 전문 용어의 예이다.[7]

- **의학 용어**
  - Agonal: 환자의 상태가 매우 안 좋은 상태
  - BP: 혈압blood pressure의 줄임말
  - FX: 골절bone fracture을 뜻하는 말
  - JT: 관절joint
  - NPO: 금식
  - IM: 근육Intramuscular
  - K: 칼륨potassium의 원소 기호
  - EMR: 전자 기록
  - LAB: 피검사
  - Anti: 항생제
  - OP: 수술

- **오피스 용어**
  - Bang for the buck: 본전을 뽑을 수 있을 만한 가치(가성비)
  - Due diligence: (증권, 회계세무) 자산실사
  - 9-to-5: 샐러리맨, 회사원
  - Chief cook and bottle-washer: 많은 책임을 지고 있는 사람
  - B2B: 회사 대 회사Business to Business
  - B2C: 회사 대 고객Business to Customer
  - PM: 프로젝트 책임자Project Manager
  - CC: 이메일을 보낼 때 '참조'Carbon Copy

- 군 전문 용어
  - TD: 일시 파견 근무Temporary duty
  - AWOL: 군인의 무단이탈Absent without leave
  - SQDN: 비행대대, 기병대대A squadron
  - SAM: 지대공 미사일Surface-to-Air missile
  - GM: 유도탄Guided Missile
  - ATT: 육군 훈련 시험Army Training Test
  - FM: 야전교범Field Manual
  - MP: 헌병Military Police
  - PX: 매점Post Exchange
  - BX: 공군매점Base Exchange
  - GP: 감시초소Guided Post
  - ID: 보병사단Infantry Division

- 경찰 용어
  - Suspect: 혐의자, 용의자
  - 10-4: 오케이를 뜻하는 무선교신어
  - Code Eight: 즉각적인 도움을 필요로 한다는 의미
  - Code Eleven: 누군가 범죄 현장에 있다는 것을 나타내는 신호
  - FTP : '누군가 죽었다'라는 의미

- 법률 전문 용어
  - Sentence: (재판관의) 판결, 선고, 판정
  - Rider: (공식 문서의) 추가 사항, 부칙
  - Hearing: 공판, 공청회

· Third party: 제삼자

· Bail: 보석, 보석금

· Case law: 판례법

· Court: 법정

· Defendant: 피고

· Felony: 중죄

· Hearsay: 전문증거 배제 법칙

· Jurisdiction: 사법권

· Jury: 배심원단

· Petition: 탄원서

• 컴퓨터 전문 용어

· RAM: Random Access Memory

· GB: Gigabyte

· ROM: Read-only Memory

· Backup: Duplicate a file

· CPU: Central Processing Unit

· GUI: Graphical User Interface

· NIC: Network Interface Card

· URL: Uniform Resource Locator

• 정치 용어

· Left wing: (정당의) 좌파, 진보파

· Right wing: (정당의) 우파, 보수파

· Soapbox: 가두연설

· POTUS: 미국 대통령President of the United States

· SCOTUS: 미국 대법원Supreme Court of the United States

· Legislator: 국회의원

· Senator: 상원의원

· Congress: 하원의원

2.3.1 '~ing'음

Wald & Shopen(1981)은 미국 LA 남녀 대학생들이 농담할 때와 논쟁을 벌이는 상황에서 이루어진 대화를 녹음하여, '~ing'을 발음할 때, 표준형 /ɪŋ/과 비표준형 /ɪn/으로 발음한 빈도를 분석하였다. 또한 '~ing'의 표준형으로 발음한 빈도가 발화 상황과 성별에 따른 차이를 나타내는지 살펴보았다. 그 결과, 실험 참가자의 성별에 관계없이, 농담할 때 보다는 논쟁을 벌이는 상황에서 표준형 /ɪŋ/으로의 발음 빈도가 훨씬 높게 나타났다.

이에 대해, Wald & Shopen(1981)은 사람들은 자신의 주장을 펼치는 논쟁하는 상황에서는 농담할 때보다 진중하고 신중한 이미지를 주기 위해 발음에 더 주의를 기울여서 표준형으로 발음하는 경향을 보인다고 설명하였다. 표준형 발음과 성별 간 관계는 논쟁할 때에는 남녀 간 차이를 보이지 않았으나, 농담하는 상황에서는 여성이 남성보다 표준형 /ɪŋ/으로의 발음 빈도가 더 높게 나타났다. 이처럼 발음에 있어 성별에 따른 차이를 나타내는 이유는 여성이 남성보다 말을 할 때 좀 더 조심스럽게 발음한다고 해석하였다(Wald & Shopen 1981).

Trudgill(1996)은 '~ing'을 표준형 /ɪŋ/으로 발음하는데 있어 발화 상황과 화자의 사회 · 경제적 수준socio-economic level이 발음에 영향을 끼치는 요소인지 살펴보기 위해 연구하였다. Trudgill(1996)은 연구에 참가한 영국 Norwich 주 화자들을 사회 · 경제적 수준에 따라 다섯 집단으로 나누고, 각기 다른 세 가지 발화 상황인 일상 대화, 조심스런 대화와 책을 읽는 상황을 설정하여 '~ing'이 표준형 /ɪŋ/으로 발화된 빈도를 측정하였다.

[도표 2-2]은 발화 상황과 성별에 따른 '~ing'이 표준형 /ɪŋ/으로 발음한 빈도를 나타낸 것이다.

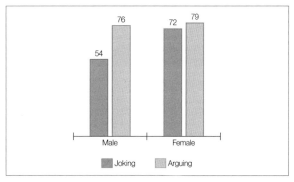

(Wald & Shopen 1981: 247)

[도표 2-2] 발화 상황과 성별에 따른 '~ing'의 /ɪŋ/음 실현율

[도표 2-3]는 발화 상황과 화자의 사회·경제적 수준에 따른 '~ing'의 표준음으로 발음한 빈도를 보여준다.

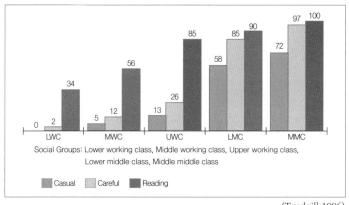

(Trudgill 1996)

[도표 2-3] 발화 상황과 사회·경제적 수준에 따른 '~ing'의 /ɪŋ/음 실현율

화자의 사회·경제적 수준과 음 발화 간 관계는 근로층 집단 보다 중류층 집단에서 표준형 /ŋ/으로의 음 실현율이 더 높게 나타났다. 그리고 발화 상황인 경우, 화자의 사회·경제적 수준에 관계없이, 일상 대화보다는 책을 읽는 상황에서 표준형으로 발음하는 빈도율이 더 높았다. 이는 발화 상황과 화자의 사회·경제적 수준이 발음에 영향을 끼치는 요소이며, 또한 '~ing'이 표

준형 /ŋ/로의 음 실현은 화자의 사회·경제적 수준을 나타내는 음운 표지 phonological marker로 작용한다는 것을 보여준다.

2.3.2 /r/음 실현

사회·경제적 수준과 같은 화자 변이는 '~ing'음 뿐만 아니라, 영어 /r/음 실현에도 영향을 끼친다고 Trudgill(1974)은 보고하였다. Trudgill(1974)은 영국 London에서 약 40마일 떨어진 도시인 Reading시 화자를 사회·경제적 수준에 따라 네 개의 집단으로 나누어, 모음에 후속하는 /r/음의 실현되는 빈도와 화자의 사회·경제적 수준 간 관계에 대해 분석하였다. 그 결과, 중류층 화자는 근로층 화자에 비해 /r/음 실현율이 낮게 나타났으며, 특히 상류층 집단에서는 /r/음을 거의 발음하지 않음을 보였다. 이는 영국 영어 화자인 경우, /r/음 실현과 화자의 사회·경제적 수준 간 상관관계가 있음을 나타내었다.

미국 New York시 화자를 대상으로 /r/음 실현과 화자의 사회적 요인 간 관계에 대한 연구 역시 영국 영어 화자와 같은 결과를 보였다. 영국 Reading시 화자들과는 달리, 미국 New York시 화자들인 경우에는 사회·경제적 수준이 높으면 높을수록 /r/음 발화율이 높게 나타났다. 이는 영국 영어와는 달리, 미국 영어에서는 /r/음을 발화하는 것이 표준형이므로 서로 다른 양상을 나타내었다. [표 2-6]은 미국 New York시와 영국 Reading시 화자의 사회·경제적 수준과 모음에 후속하는 자음 /r/음의 실현율이다.

[표 2-6] 사회 계급에 따른 모음에 후속하는 자음 /r/의 실현율

사회계급	미국 New York시	영국 Reading시
중산층 집단	32	0
중하층 집단	20	28
상위 근로층 집단	12	44
하위 근로층 집단	0	49

(Romaine 2000)

비록 모음에 후속하는 /r/음 실현율이 영국 영어와 미국 영어 화자 집단 간 반대 현상을 나타낼지라도, /r/음의 실현은 해당 사회의 사회 · 경제적 수준을 나타내는 음운 지표라 할 수 있다.

2.3.3 /h/음 탈락

단어 'hat'은 [hæt] 또는 'h'음을 탈락시켜 [æt]으로 발음하기도 한다. Hudson & Holloway(1977)은 영국인 학생을 화자의 사회 · 경제적 수준과 성별로 집단을 나누어, 사회 · 경제적 수준과 성별이 /h/음 탈락dropping 현상에 영향을 끼치는지 살펴보기 위해 연구하였다. 그 결과, 중산층 화자보다는 근로자 집단에서, 여학생보다는 남학생 집단에서 'h'음 탈락 현상이 두드러지게 나타났다고 보고하였다.

[표 2-7] 사회 · 경제적 수준과 성별에 따른 [h]음-탈락 빈도

	남학생	여학생
중류층 집단	14	6
근로층 집단	81	18

(Hudson & Holloway 1977)

'~ing'과 /r/음처럼, /h/음-탈락 역시 특정 화자 집단을 나타내는 음운 표지로 작용한다고 Hudson & Holloway(1977)는 주장하였다. 이처럼, 언어음 발화에서 빈번하게 나타나는 언어 변이는 화자가 특정 사회 집단에 속한 구성원임을 나타내는 사회 지표social marker로 해석 가능하다고 볼 수 있다.

2.3.4 축약형

축약형contractions은 일반적으로 문어체written보다는 구어체spoken에서 더 많이 사용되지만, 구어체에서도 발화 상황에 따라 축약형의 사용에 있어 차이가 있다고 Biber(1998)는 보고하였다.

[도표 2-4]는 영국 영어의 문어와 구어의 말뭉치corpus를 친구 간의 전화 통화를 하는 비격식적인 상황에서 신문 기사와 학문 저널의 격식formality을 나타내는 다양한 상황까지 1,000개 단어마다 나타난 축약형의 평균 사용 빈도수를 나타낸 것이다. 그 결과, 축약형의 사용 빈도와 상황의 격식은 반비례 관계를 나타내었다. 즉, 격식을 갖추는 상황일수록 축약형의 사용을 지양하는 반면에, 격식을 덜 갖춘 친구와의 대화 또는 낯선 사람과 전화 통화를 하는 상황에서는 축약형의 사용이 급증함을 볼 수 있다.

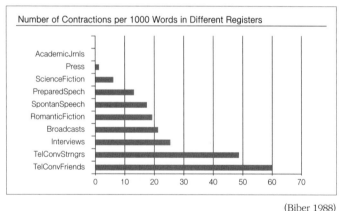

(Biber 1988)

[도표 2-4] 사용영역어에 따른 1,000개 단어 당 나타난 축약형 빈도수

상황에 따른 전치사 사용은 사용영역어의 통사적 변수로 표지된다. 보통
영어에서는 문장 맨 뒤에 전치사의 사용을 피한다.

(A) He is the boy whom I traveled <u>with</u>.

(B) He is the boy <u>with</u> whom I traveled.

따라서 문장 (A)보다는 문장 (B)의 사용이 권장되기는 하나, 문장 (A)와
(B)는 둘 다 사용 가능하다. 비록 문장-끝sentence-final에 전치사의 사용을 피
할지라도, 문장-끝에 전치사의 사용 유무는 발화 상황에 따라 달라진다고 비
버(1988)는 주장하였다. [도표 2-5]은 사용영역어에 따른 문장-끝에 전치사가
사용된 빈도를 나타낸 것이다.

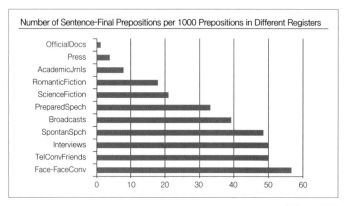

(Biber 1988)

[도표 2-5] 사용영역어에 따른 1000개 전치사 당 나타난 문장-끝 전치사 빈도

축약형과 마찬가지로, 문장-끝에 전치사의 사용유무는 문어체보다는 구
어체에서 더 빈번하게 사용됨을 볼 수 있다.

혼합어

2.5.1 피진어

각기 다른 집단에 속한 사람들이 사용하는 언어가 서로 다른 경우, 의사
소통의 목적을 위해 단순한 문장 구조와 두 개 언어의 어휘를 혼용해서 만든
언어를 피진어pidgin라고 한다. 피진어는 서로 이해할 수 없는 언어 사용자인
화자와 청자의 접촉으로 인해 생겨난 언어이기 때문에 접촉어contact language
라고도 부른다.[8] 또한, 피진어는 두 개 또는 그 이상의 언어가 혼합해서 만들
어진 언어이므로 혼합어mixed languages라고도 한다. Trask & Stockwell(2007)
은 피진어에 대해 다음과 같이 설명하였다.[9]

> "피진어"는 누구의 모국어도 아니며, 실제 언어도 아니다: 정교한 문법도
> 없으며, 전달할 수 있는 것도 매우 제한적이다. 또한 사람들마다 다르게
> 말을 한다. 단순한 목적을 위해, 이 언어는 사용되며, 이 언어를 배우는
> 것은 쉽다.(Trask & Stockwell 2007)

피진어는 무역을 하는 상인들과 식민지 시대의 집단 농장에서 의사소통
의 문제를 해결하기 위해 생겨난 언어이다. 따라서 피진어는 모국어 화자가
없으며, 체계적이고 정교한 문법을 갖추지 못한 특징을 지니고 있다. 서로
말이 통하지 않는 사람들 간 의사소통의 목적으로 생겨난 언어이기는 하지
만, 두 개 이상의 언어가 혼합된 피진어를 만드는 것에는 두 가지 이상의 조
건이 필요하다.

첫째, 언어 사용자들의 모국어 중 한 언어의 단어를 선택하여, 선택한 단
어를 다른 언어의 음운론적 그리고 문법적 구조에 맞추어 새로운 언어를 만
든다. 이처럼 피진어는 상층 언어superstratum와 기층 언어substratum가 결합

하여 형성된다. 여기에서, 상층 언어와 기층 언어를 선택하는데 있어 정치적 위세가 크게 작용한다. 어휘 제공 언어lexifier language인 상층 언어는 접촉 중인 두 개의 언어 중 정치적으로 위세가 더 높은 언어를 나타내며, 반대로 기층 언어는 상대적으로 위세가 낮은 언어를 일컫는다.[10]

둘째, 두 개 또는 그 이상의 언어를 결합하여 만들어진 새로운 언어는 이 언어를 사용하는 모국어 화자가 없어야 한다. 피진어의 모국어 화자가 존재한다는 것은 그 이전에 존재하는 언어로 간주되기 때문이다.[11] 피진어에는 영어, 불어 또는 스페인어가 일반적으로 많이 사용되었으며, 간혹 다른 언어도 사용되기도 하였다. 피진어의 대표적인 예로는 하와이언 피진 영어Hawaiian pidgin English, 뉴기니언 피진 영어New Guinea Pidgin English 등이 이에 해당된다.

하와이언 크리올 영어Hawai'i Creole

하와이는 1778년에 유럽인들이 정착하기 시작했으며, 이후 아시아 국가들을 상대로 고래잡이와 무역에 관련된 일을 하는 선박들이 잠시 체류하는 중요한 장소가 되었다. 이 시기에, 중국과 환태평양 피진 영이 표현들이 하와이에 도입되었다. 그러나 하와이에서 생겨난 질병들로 인해 하와이 원주민의 숫자가 급속도로 줄어들게 되었다. 1835년에 첫 번째 사탕수수 재배를 하게 되었고, 이 농업은 급속도로 19세기 말까지 확장되었다. 많은 노동력이 필요했고 중국, 포르투갈, 일본, 한국, 러시아, 스페인, 필리핀 등지의 전 세계 각국에서 수천 명의 노동자들이 하와이로 이주하였다. 다양한 국적을 지닌 노동자들이 일터에서 의사소통하기 위한 언어가 필요하였고, 이 시기에 사용되었던 언어가 하와이 원주민들이 사용하였던 하와이어와 피진 하와이언이였고, 이후 많은 다양한 피진어가 생겨나기 시작하였다.

1870년대에, 노동자 가족들이 하와이로 이주하기 시작하였고, 사탕수수 재배 노동자들의 아이들이 태어났다. 아이들은 그들의 부모들이 사용하는 언어를 배웠고 동시에 학교에서는 영어로 교육을 받았다. 그러나 아이들이 놀이터에서 사용한 영어는 자신의 부모들로부터 습득한 초기 피진 영어와 특히 자신의 모국어인 포르투갈어의 영향을 받았다. 그렇게 해서 생겨난 새로운 하와이 피진 영어는 하와이에서 성장한 사람들의 제1언어가 되었고, 아이들은 이러한 하와이 피진 영어를 자신의 모국어 first language로 습득하기 시작하였다. 이것이 바로 하와이 크리올 영어 Hawai'i Creole English의 탄생이었다. 그 후, 1920년대에 이르러 이 언어는 대부분 하와이 주민들의 언어가 되었다.(Ermile Hargrove, Kent Sakoda &Jeff Siegel.)[12]

2.5.2 크리올

피진어를 사용하는 지역의 아이들은 아이의 부모가 사용하는 접촉어인 피진어를 모국어로 습득하면서 자란다. 이때 아이들이 습득한 피진어는 모국어화 과정을 거쳐 크리올creole이 된다. 이러한 이유로 크리올은 피진어와 함께 설명해야 한다. 크리올에 대한 설명은 피진어를 언급하지 않고서는 불가능하며, 크리올은 피진어와는 서로 다른 특징을 나타낸다.[13]

- 모국어 화자가 없는 피진어와는 달리, 크리올은 모국어 화자가 있다: 피진어를 사용하는 공동체에서 태어난 아이는 부모가 사용하는 피진어를 자신의 모국어로 습득함으로, 이 피진어는 모국화 과정을 거쳐 크리올이 된다.
- 크리올은 항상 피진어에서 발달되어 나온다.
- 크리올이 발달되고 피진어가 모국어 화자를 갖게 되는 과정을 크리올 과정creolization이라고 한다.

크리올은 언어 구조가 단순한 피진어로부터 발달하여 결국 다른 언어들처럼 복잡한 언어구조를 형성한다. 피진어와는 달리, 크리올 화자는 비교적 적은 언어 변이를 나타낸다. 보통 피진어와 크리올의 구별은 명확한 것처럼 보이나, 간혹 이 두 언어의 경계가 모호한 경우도 있다. 피진어가 크리올어로 되는 과정에 있어 어떤 경우에는 크리올화 과정이 많이 이루어지기도 하고, 또 다른 경우에는 매우 느리게 진행되는 경우도 있다.

이러한 이유로 피진어에서 크리올어로 되는 진행 과정이 너무 느린 크리올어는 피진어라고 부르기도 한다. 예를 들면, 하와이언 피진어 또는 크리올 영어, 뉴기니아 피진 영어New Guinea Pidgin English는 피진어에서 크리올로 발달된 언어이기는 하나, 피진어라는 용어를 그대로 사용하기도 한다.

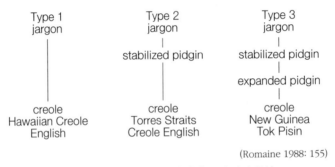

(Romaine 1988: 155)

[도표 2-6] 크리올 언어로 발달되는 세 가지 유형

[도표 2-6]은 전문 용어에서 크리올 언어로 발달되는 세 가지 유형이다. [유형 1]은 의사소통 수단으로 사용되었던 전문 용어가 크리올로 발달한 예로 하와이언 크리올 영어가 이에 해당한다. [유형 2]는 전문 용어가 피진어 발달 과정을 거쳐 크리올로 발달된 예로 토레스 해협 크리올 영어Torres Straits Creole English가 이에 속한다. 마지막으로 [유형 3]은 의사소통 매개어인 전문 용어가 피진어 과정을 거치고 이 피진어가 더 확장되어 마침내 크리올로 발달되었는데, 뉴기니언 톡 피진New Guinea Tok Pisin이 이 유형의 대표적인 예이다.

하지만 모든 피진어가 크리올로 발달된 것은 아니다. 피진어는 화자들 간 공통된 언어가 없는 경우에 의사소통의 목적을 위해서 만들어진 접촉어이기 때문에, 두 집단 간 교류의 필요성이 없어진 경우에는 저절로 사라지는 경우도 있다. 예를 들면, 프랑스가 베트남을 지배할 때 발생한 피진 프랑스어는 프랑스인들이 베트남을 떠나자 소멸하였다. 그리고 중국의 공산화 이후에는 중국의 남해안 항구 지역에서 중국인과 서양인들이 사용했던 피진어들도 대부분 사라졌다. 이처럼 일부 피진어는 크리올로 발달한 언어도 있고, 일부는 피진어 단계에서 더 이상 발달하지 않고 머문 언어들도 있다.

[도표 2-7]은 피진어와 크리올이 사용되는 지역을 나타낸 지도이다.

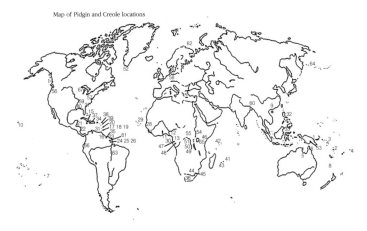

Map of Pidgin and Creole locations

36 Afrikaans	56 Chinook Jargon	27 Gullah
5 Australian Pidgin English	64 Copper Island Aleut	16 Guyanese Creole
20 Barbadian Creole	57 Delaware Jargon	37 Haitian Creole
21 Belizean Creole	26 Djuka	10 Hawaiian Creole English
35 Berbice Creole Dutch	52 Eskirno Trade Jargon	53 Hiri Motu
2 Bislama	44 Fanakalo	15 Jamaican Creole
25 Bini	45 Fly Taal	54 Juba Arabic
13 Cameroonian Pidgin English	58 Gastarbeilerdeutsch	50 Kituba
29 Cape Verde Crioulo 1	8 Grenada Creole	14 Krio
22 Central American Creole	38 Guadeloupe Creole	51 Lingala
9 Chinese Pidgin English	28 Guinê Crioulo	40 Louisiana Creole
41 Mauritian Creole	47 Pidgin A-70	3 Solomon Islands Pijin
65 Mbugu	48 Pidgin Ewondo	23 Sranan
66 Media Lengua	49 Pidgin Swahili	39 St Lucia Creole
67 Mochif	7 Pitcairnese(Pitkern)	19 St Vincent Creole
59 Mobilian Jargon	43 Réunionnais	1 Tok Pisin
60 Naga Pidgin	62 Russenorsk	6 Torres Strsit Broken
61 Ndjuka-Trio Pidgin	4 Samoan Plantation Pidgin	17 Trinidad Creole
34 Negerhollands	55 Sango	63 Tupi(Lingua Geral)
12 Nigerian Pidgin English	30 São Tomê Crioulo	11 West African Pidgin English
8 Norfolk	24 Saramaccan	33 Zamboangueño

(Sebba 1997)

[도표 2-7] 피진어와 크리올 언어 사용 지역

모국어가 서로 다른 사람들이 모인 곳에서 원활한 의사소통을 위하여 언어 사용자의 모국어 중에서 하나의 언어를 선택하여 사용하는 경우 선택된 언어를 링구아 프랑카lingua Francas 또는 공통 언어common language라고 한다.14 링구아 프랑카의 대표적인 예로는 현재 전 세계의 막강한 정치 · 경제적 힘을 지닌 미국이 사용하는 언어인 영어가 있으며, 현재 국제 언어로서 전 세계에서 사용되고 있다. 링구아 프랑카의 또 다른 예는 나이지리아와 같은

서부 아프리카 지역에서는 공용어로 Hausa를 사용하는데, 이 때 Hausa 역시
링구아 프랑카이다.

2.6 부호체계 전환

부호체계 전환Code-Switching은 사람들이 의사소통을 하는데 있어, 두 개
또는 그 이상의 언어를 자연스럽게 바꾸어 말하는 언어 수행 능력을 가리킨
다(Gumpertz 1982).[15] 흔히 이중 또는 다중 언어 공동체에서 화자들이 대화
의 효율성을 높이기 위해 부호code를 전환하여 사용한다. 이중 또는 다중 언
어 사용자들이 대화에서 문장이나 구를 표현하는데 있어 두 개 이상의 언어
를 사용하는 것은 이중 또는 다중 언어 사용자 간 대화에서 일어나는 매우 자
연스러운 현상이다. Jamshidi & Navehebraim(2013)은 부호체계 전환에 대해
다음과 같이 설명하였다.[16]

> 부호체계 전환은 사람들이 의사소통을 위해 두 개 이상의 언어를 사용
> 할 기회가 있는 이중 언어사회에서 나타나는 현상이다. 두 개 이상의
> 언어를 말할 수 있는 이중 언어사용자들은 의미를 전달하는 더 나은 방
> 법들을 찾기 위한 자원으로서 부호체계를 전환할 수 있으며, 그들의 언
> 어를 사용할 수 있다. 또한, 부호체계 전환은 "하나의 담화, 문장 또는
> 구성요소 내에서 두 언어들 간two languages 교체"로서 정의할 수 있다.
> (Jamshidi & Navehebraim 2013)

다음은 한 문장 내에서 두 개의 코드 즉 말레이시아어와 영어 그리고 영어
와 스페인어를 전환시킨 예이다.

- 말레이시아어/영어 이중 언어 전환의 예
  - This morning I hantar my baby tu dekat babysitter tu lah.
  - 'This morning I took my baby to the babysitter.'

(Romaine 2000:55)

- 영어/스페인어 이중 언어 전환의 예
  - Sometimes I'll start a sentence in English y termino en español.
  - 'and finish it in Spanish.'

(McArthur 2005)

화자가 한 문장 내에서 두 개의 코드 즉, 말레이시아어와 영어 그리고 영어와 스페인어 간 신호를 전환하여 사용하였다. 이처럼 문장 내에서, 두 개의 언어를 사용하는 체계 유형을 부호체계 전환이라고 한다.

이처럼 이중 또는 다중 언어 공동체에서 대화 도중에 코드를 전환하여 사용하는 것은 언어 사용자들이 이용할 수 있는 의사소통의 선택 사항이다 (Aranoff & Miller 2003). 화자 자신이 주로 사용하는 언어만으로도 충분히 의사전달을 할 수 있음에도 불구하고, 언어들 간 부호체계를 전환하는 이유에 대해 언어학자들은 특정 의사소통의 목적을 수행하기 위함이라고 설명하였다.

Crystal(1987)과 Bullock & Toribio(2009)는 화자가 대화 도중에 언어를 전환해서 사용하는 이유는 "의도적으로 상대방과의 친밀감intimacy과 민족 정체성ethical identity을 표현하며, 언어적 갭linguistic gaps을 채우고, 특정한 목적달성을 위해 부호체계 전환을 한다"고 기술하였다. 또한, Hoffman(1991)은 부호체계 전환의 기능에 대해 다음과 같이 설명하였다.

- Hoffman(1991)이 제시한 부호체계 전환의 기능
  1. 특별한 주제를 말하기 위해 사용한다.
  2. 다른 사람의 말을 인용하는데 사용한다.

3. 무엇인가 강조하고 싶은 경우에 사용한다.

4. 말 끼여들기를 할 때 사용한다.

5. 말의 명료성을 위해 반복해서 표현할 때 사용한다.

6. 집단 동질감을 표현하기 위해 사용한다.

7. 대화 상대에게 말의 내용을 명확하게 하는 의도를 나타내기 위해 사용한다.

8. 요청이나 명령을 부드럽게 하거나 또는 강하게 하는 경우에 사용한다.

9. 실질적 어휘 사용이 필요하거나 이에 상응하는 번역이 부족한 경우 보상하기 위해 사용한다.

10. 설명이 의도적으로 특정한 청중만을 위한 것이고, 다른 사람들을 배제하는 경우에 사용한다.

부호체계 전환의 기능은 사회언어학적 접근sociolinguistic approach과 문법적 접근방법grammatical approach인 두 가지로 나누어 설명할 수 있다(Auer 1998; Hamers & Blanc 2000).

첫째, 부호체계 전환의 사회언어학적 접근방법은 "대화 주제, 대화 참여자, 배경, 메시지의 정서적 측면과 같은 변수에 초점을 둔다."(Hamers & Blanc 2000:266). 사회언어학적 측면에서의 부호체계 전환은 "인종 집단의 구성원과 정체성의 표지marker로서 사용될 수 있으며, 또한 아이들이 성장하면서 영어만을 배우게 될지라도 젊은 세대에게 전승된다는 것을 발견하였다."(Hammers & Blanc 2000:266-267). 부호체계 전환 사용은 성별에 있어서도 차이를 나타냄을 볼 수 있다. Gardner-Chloros(2009:109)는 Gambia어 화자를 대상으로 한 연구에서 남성이 여성보다 대화 도중에 부호를 두 배나 더 많이 전환한다는 결과를 보고하면서, 부호체계 전환과 성별 간 상관관계가 있다고 설명하였다.

둘째, 부호체계 전환의 문법적 접근방법은 부호체계 전환이 이루어지는 문장의 위치에 따라, 문장 간, 문장 내 그리고 문장 외 신호 체계 전환과 같이 세 가지로 분류하여 기술한다(Hammers & Blanc 2000).

- **문장 간 부호체계 전환**Inter-Sentential Code-Switching
  · 영어-터키어 부호체계 전환

    If you are late for the job interview, işe alınmazsın.

문장 간 부호체계 전환은 언어 문장 경계에서 코드 전환이 이루어진다. 이는 유창한 의사소통 능력을 가진 이중 언어 화자들에게서 많이 나타나는 유형이다.

- **문장 내 부호체계 전환**Intra-Sentential Code-Switching
  · 영어-헝가리어 부호체계 전환

    You are lazy mostanában, because you spend a lot of idö on the sofa.

문장 내 부호체계 전환은 전이를 나타내는 중단interruption, 망설임 또는 침묵 없이 절 또는 단어 내에서 이루어진다.

- **문장 외 부호체계 전환**Extra-Sentential Code-Switching
  · 영어-터키어 부호체계 전환

    Turkish students use some boundary words like ama ('but') or yani ('I mean') while speaking English.

  · 터키어-영어 부호체계 전환

    Du kommer väl påtorsdag, right?

'You will be coming on Thursday, right?'

· 독일어-영어 부호체계 전환

Nein er kam doch erst um neun, you know?

(Hammers & Blanc 2000:259-260)

한 언어의 발화에 다른 언어가 나타나는 예로, 부가 의문문처럼 부가적인 어구가 삽입된다.

이와 같은 이중 또는 다중 언어 체계 전환은 제2외국어에 능숙하치 않은 화자들이 두 개의 언어를 번갈아가면서 사용하는 것과는 구별해야 한다고 지적한다(Hamers & Blanc 2006:267). Hamers & Blanc(2006)은 말을 하는 동안 제2외국어에 능숙하지 않은 화자가 자신의 어휘적 지식을 메우기 위해 모국어 단어를 사용하는 것은 부호체계 전환으로 간주하지 않으며, 이러한 체계 전환을 '제한된 부호체계 전환restricted code-switching'이라고 한다. Song & Andrews(2009:59)는 제2외국어 학습자들이 제한된 부호체계 전환을 사용하는 이유에 대해 "메시지를 끊거나 전달하는 것을 포기하지 않고 대화를 지속적으로 유지하기 위한 시도an attempt to keep the conversation flowing without having to pause or abandon the message"라고 설명하였다.

2.7 완곡어법

'완곡어법euphemism'의 어원은 그리스어 단어 'eupheme'에서 유래되었으며, 'eupheme'은 'good'을 뜻하는 'eu'와 'speaking'을 뜻하는 'pheme'으로 이루어진 단어이다(Online Etymology Dictionary 2012).[17] 몇몇 학자들이 제시한 '완곡어법'의 정의는 다음과 같다.

It is defined as 'an alternative to a dispreferred expression, in order to avoid possible loss of face: either one's own face or, through giving offense, that of the audience, or of some third party.'(Allan & Burridge 1991:11)

It is the substitution of an agreeable or inoffensive expression for one that may offend or suggest something unpleasant. (Merriam-Webster Dictionary 2012)

완곡 표현은 소위 점잖은 말polite word로 타인을 상대로 하는 언어에서 사용되는 표현이다.(박승혁 2007)

완곡어법은 금기시되는 단어나 표현을 직접적으로 언급하는 것을 피하며, 사람들이 불쾌하게 받아들일 수 있는 단어를 간접적이고, 부드러우면서도 덜 공격적인 표현으로 바꾸어 말하는 방법이다(Bani Mofarrej & Al-Abed Al-Haq, 2015).[18] 특히, 삶, 죽음, 질병, 성, 사회적·문화적 편견과 부정적 상황 등과 연관된 주제에 대해서는 직접적인 단어, 구 또는 문장으로 표현하는 대신에, 우회적이고 덜 직설적인 표현을 사용함으로써, 서로에게 불쾌하고 불편한 느낌을 주지 않기 위해 완곡어법을 사용한다.

완곡어법은 어휘에만 국한되지 않으며, 구 또는 문장 범주에서도 나타난다. 다음은 한국어와 영어에 나타난 완곡어법의 예들이다.

[표 2-8] 한국어 완곡어법의 예

〈죽음과 질병에 대한 완곡어법〉

완곡 표현	의미
고동을 멈추다, 눈에 흙이 들어가다, 눈을 감다, 돌아가시다, 떠나다, 목숨을 잃다, 숨(이) 끊어지다, 숨을 거두다, 숨지다, 유명을 달리하다, 이승을 떠나다, 잘못 되다, 잠들다, 저 세상으로 가다, 저승에 가다, 저승으로 보내다, 황천(에/으로) 가다, 황천길로 가다	죽음
F	4
마마	천연두
작은 손님	홍역

〈사회적 차별에 대한 완곡어법〉

완곡 표현	의미
가사도우미, 가정관리사	식모
간호사	간호원
도우미, 아가씨, 직업여성	유흥업에 종사하는 여성
스님	중
환경미화원	청소부
장애인	장애자, 불구자
시각장애인	맹인, 소경, 장님
언어장애인	벙어리, 농아
지적장애인	정신지체
지체장애인	절름발이
척추장애인	꼽추
청각장애인	귀머거리, 농아
학습부진아	열등생
교도소, 큰집	감옥
보육원	고아원
쉼터	가출 청소년 및 노숙자, 여성보호시설
미스맘	(자발적) 비혼모

싱글맘	미혼모
한 부모 가족	결손 가정
결혼 이민 여성	외국인 며느리, ~댁
다문화 가족	국제결혼 가정
이주 노동자	외국인 노동자
흑인	검둥이
양성평등	남녀평등
독신 여성	노처녀

〈문화적 요인에 의한 완곡어법〉

완곡 표현	의미
대변, 큰 거	똥
소변, 작은 거	오줌
그 날, 매직	월경
볼일을 보다, 손 씻으러 가다	화장실을 가다.
관계를 가지다, 잠자리를 하다, 하룻밤을 보내다	성관계를 하다.

〈부정적 상황에 대한 완곡어법〉

완곡 표현	의미
가방끈이 짧다	많이 배우지 못해 학력이 낮다.
곁길로 돌다, 물이 들다	나쁜 길로 빠지다.
고개를 숙이다, 무릎을 꿇다	남에게 승복하거나 아첨하거나 겸양하는 뜻으로 머리를 수그리다.
고래 잡다	포경 수술을 하다.
고무신을 거꾸로 신다	여자가 사귀던 남자와 일방적으로 헤어지다.
고배를 들다, 고배를 마시다 쓴잔을 들다, 쓴잔을 마시다	패배, 실패 따위의 쓰라린 일을 당하다.
국물도 없다	돌아오는 몫이나 이득이 아무것도 없다.
국수를 먹다	결혼식을 올리는 일을 비유적으로 이르는 말
귀가 얇다	남의 말을 쉽게 받아들이다.

금이 가다	서로의 사이가 벌어지거나 틀어지다.
깡통을 차다	빌어먹는 신세가 되다.
꼬리가 길다	못된 짓을 오래 두고 계속하다.
꼬리를 치다	(속되게) 아양을 떨다.
꼬리표가 붙다	어떤 사람에게 나쁜 평가나 평판이 내려지다.
눈 밖에 나다	신임을 잃고 미움을 받게 되다.
눈을 감아주다	잘못을 모른 체 해주고 용서해 준다.
더위를 먹다	여름철에 더위 때문에 몸에 이상 증세가 생기다.
덜미가 잡히다	죄가 드러나다.
도마 위에 오르다	어떤 사물이 비판의 대상이 되다.
뒷맛이 쓰다	어떤 일이 끝난 다음에 남은 느낌이 좋지 않다.
뚜껑이 열리다	화가 나다.

(석진주 2011)

[표 2-9] 영어 완곡어법의 예

〈죽음 · 노화 · 질병과 관련된 완곡어법〉

범주	완곡 표현
죽음 (death)	passed away, passed, departed, have gone to a better place
노화 (aging)	senior citizen, getting on in years, second childhood, third age, sunset years, elderly people, past one's prime, the longer living, golden ager, the seasoned
질병 (disease)	AIDS: acquired immune deficiency syndrome accident: stroke the flu: influenza the "Big C": cancer

〈결혼과 임신과 관련된 완곡어법〉

범주	완곡 표현
이혼(divorce)	renovate, unwedding, matchruptcy
결혼 (the act of getting married)	tie the knot
배우자(spouse)	my better half, significant other
동거 (living together with no wedding)	common law marriage, trial marriage
연인(couple)	companion, paramour, partner, cohabitee
임신(pregnancy)	in the club, in a family, eating for two, swallow a watermelon seed, wear the apron high

〈장애와 관련된 완곡 표현〉

의미	완곡 표현
retarded	mentally challenged, learning difficulties, and special needs
people with physical handicaps	people with disabilities
the blind	visually challenged
stupid	mentally challenged
weak	verbally challenged
old	chronically challenged
poor	financially challenged
not beautiful	aesthetically challenged
short	vertically challenged
poorly dressed	sartorially challenged
not good at computer	electronically challenged
bad moral	ethically challenged

〈직업과 관련된 완곡 표현〉

의미	완곡 표현
garbage collector	sanitation engineer
automobile mechanic	automobile engineer
secretary	administrative assistant
maid	domestic engineer
butcher	technologist
prison custodian	correctional facility
window cleaner	transparent wall maintenance officer
rat catcher	rodent officer
grave digger	cemetery operative
sex worker	comfort woman, call girl, business girl
janitor	security officer
housewife	domestic manager
floor walker	aisle manager
striper	exotic dancer

〈정치와 관련된 완곡 표현〉

의미	완곡 표현
the poor people	the deprived, man of modest means, the less well off, the under privileged, economically disadvantaged
slum	substandard housing, in an economically depressed neighborhood, culturally deprived environment
state of being broke	temporary negative cash
The 2008 financial crisis	economic downturn, economic slowdown
poor and backward countries	undeveloped countries, underdeveloped countries, developing countries, the third world countries, the fourth world

의미	완곡 표현
dumb student	slow student, underachiever
idiot	person with learning difficulties and special needs
cheating	peer homework, comparing answers, collaborating, harvesting anwers
a student below the average	he can do better with help

(Zhou 2015)

모든 문화는 동일한 어휘에 대해 똑같은 의미를 내포connotation하지 않으며, 다르게 해석되기도 한다. 가령 단어 'old'는 중화권과 영어권에서 서로 다르게 해석된다고 Qi(2010:139)는 다음과 같이 기술하였다. 중화 문화권에서는 'old worker', 'old manager', 'old boss', 'old brother'와 같은 구에서 사용된 'old'는 청자에 대한 정중함과 존경을 보여주는 존칭어honorific로 해석된다. 그러나 영어 문화권에서는 'old school'an orthodox group, 'old gentlemen'the devil, 'old fog'a stubborn person, 'old hat'something out of date과 같은 표현에서 'old'는 부정적인 의미를 지니기 때문에, 이러한 단어나 구의 사용은 선호되지 않는다. 가령 영어권에서는 '노인'을 지칭하는 구로는 'senior citizen', 'golden age', 'advanced age', 'the long living', 'well-preserved man'과 같은 우회적인 표현을 사용한다.

이와 유사한 예로는 '값이 싸다'는 의미를 지닌 단어 'cheap'이 있다. 영어에서 'cheap'은 '품질이 좋지 않다'는 의미를 지닌다. 그러나 중국어에서는 '값은 싸지만, 좋은 품질을 가진 물건을 소유하고 있다'는 의미로 해석한다. 따라서 'cheap'이란 단어는 서양 문화에서는 부정적 의미를 내포하나, 중화 문화권에서는 긍정적인 의미로 해석된다(Qi 2010:141).

❶ 종교, 직업 등과 관련된 사용영역어의 어휘 표지에 대해 예를 들어 설명
해 보시오.

❷ 연령별로 초·중·고, 대학생 그리고 중년층 화자들이 자주 사용하는 속
어에 대해 조사해 보고, 어떠한 특징을 나타내는지 논의해 보시오.

❸ 여러분 주위에 이중 언어 또는 다중 언어 사용자가 발화한 대화를 녹음하여 부호체계 전환이 일어난 부분을 찾아 보시오. 그리고 부호체계 전환이 일어난 문장을 부호체계 전환의 종류에 따라 분류해 보시오.

❹ 한국어, 영어, 중국어 이외의 언어에서 사용하는 완곡어법에 대해 조사하여, 각 나라별로 사용하는 완곡어법에 대해 비교 분석해 보시오. 그리고 문화권별로 나타난 완곡어법의 차이에 대해 설명해 보시오.

Notes:

1 Coulmas(2003:563) explains 'sociolinguistics' that "combining linguistic and sociolinguistical theories and methods, it is an interdisciplinary field of research, which attaches great significance both to the variability of language and to the multiplicity of language and language forms in a given society.

2 According to Fishman(1972:244), for instance, socially, the language use involves "Who speaks, what language, to whom, when and where". When some aspects of sociology are adopted in studying a language, this means it presents an interdisciplinary study; and its name represents a combination of sociology and linguistics. In this relation, some experts call it as sociology of language; and some others call it as sociolinguistics.

3 The choice of register in different types of speech situations is termed 'situational variation'. The term 'style' is also occasionally used to refer to situational variation. However, it includes variation in grammatical structures, too. It is less predictable and more dependent on personal preferences than register(Kortmann 2005: 256).

4 Style is often analyzed along a scale of formality, the level of formality is influenced by some factors like the various differences among the participants, topic, emotional involvement, etc.(Holmes 2001).

5 Registers are also are a set of language items associated with discrete occupational or social group(Wardhaugh 2001:48).

6 Jargon. Retrieved from https://en.wikipedia.org/wiki/Jargon#cite_note -m-w-8

7 Examples of Jargon. Retrieved from
http://examples.yourdictionary.com/examples-of-jargon.html
이미지 출처: 픽사베이(Retrived from http://1.pixarbay.cf/)

8 이러한 이유로 피진어는 'auxiliary language'라고도 부른다.

9 "A pidgin," says R.L. Trask and Peter Stockwell, "is nobody's mother tongue, and it is not a real language at all: it has no elaborate grammar, it is very limited in what it can convey, and different people speak it differently. Still, for simple purposes, it does work, and often everybody in the area learns to handle it" *(Language and Linguistics: The Key Concepts, 2007)*.
(Pidgin(Language). Retrieved from https://www.thoughtco.com/ pidgin-language-1691626)

10 A stratum (Latin for "layer") or strate is a language that influences, or

is influenced by another through contact. A substratum or substrate is a language that has lower power or prestige than another, while a superstratum or superstrate is the language that has higher power or prestige. Both substratum and superstratum languages influence each other, but in different ways.

(Stratum. Retrieved from https://en.wikipedia.org).

11 Many linguists would quarrel with Trask and Stockwell's observation that a pidgin "is not a real language at all." Ronald Wardhaugh, for example, observes that a pidgin is "a language with no native speakers. [It is] sometimes regarded as a 'reduced' variety of a 'normal' language" (An Introduction to Sociolinguistics, 2010). If a pidgin becomes the native language of a speech community, it is then regarded as a creole(Bislama, for example, is in the process of making this transition, which is called *creolization*).

(Pidgin(Language). Retrieved from https://www.thoughtco.com/pidgin-language -1691626)

12 Hawai'i was first visited by Europeans in 1778, and it quickly became an important stopover for ships involved in whaling and trading with Asia. At this time, some of the expressions from the Pidgin English of China and the Pacific were introduced to Hawai'i. Tragically, diseases were also introduced which drastically decreased the indigenous Hawaiian population. The first sugarcane plantation was established in 1835, and the industry expanded rapidly in the last quarter of the century. Thousands of laborers were brought from China, Portugal, Japan, Korea, Puerto Rico, Russia, Spain, the Philippines and other countries. With so many nationalities, a common language was needed on the plantations. At first, this was Hawaiian and Pidgin Hawaiian, but later in the century a new variety of pidgin began to develop.

In the 1870s immigrant families began to arrive and more children were born on the plantations. Children learned their parents' languages and picked up English at school. But the kind of English they spoke on the playground was influenced by the Pidgin English earlier brought to Hawai'i, by the Hawaiian spoken by their parents, and by their own first languages, especially Portuguese. By the turn of the century a new Hawai'i Pidgin English began to emerge with features from all of these sources. This pidgin became the primary language of many of those who grew up in Hawai'i, and children began to acquire it as their first language. This was the beginning of Hawai'i Creole English. By the 1920s it was the language of the majority of Hawaii's population.

(Retrieved from https://www.hawaii.edu/satocenter/langnet/definitions/hce.html)

13 A creole is usually defined both with reference to and in contrast to pidgins. Here are the important defining features of a creole language:

• In contrast to pidgins which have no native speakers creoles have native speakers: A child born into a pidgin-speaking community will acquire this pidgin as a first language. Thus, the pidgin will be turned into a creole by the process of nativization.

• Creoles always develop out of a pidgin.

• The process whereby a creole develops and a pidgin acquires native speakers is called creolization.

(Retrieved from http://www.ello.uos.de/field.php/Sociolinguistics/Creoles)

14 Nordquist R. (2019). Definition and Examples of a Lingua Franca. (Retrieved from https://www.thoughtco.com/what-is-a-lingua-franca- 1691237)

A lingua franca(pronounced LING-wa FRAN-ka) is a language or mixture of languages used as a medium of communication by people whose native languages are different. It is from the Italian, "language" + "Frankish" and also known as a trade language, contact language, international language, and global language.

The term English as a lingua franca (ELF) refers to the teaching, learning, and use of the English language as a common means of communication for speakers of different native languages.

15 Gumperz(1982:59) defines code-switching as "the juxtaposition within the same speech exchange of passages of speech belonging to two different grammatical systems or subsystems."

16 Code-switching is a phenomenon that exists in bilingual societies where people have the opportunity to use two or more languages to communicate. Being able to speak more than one language, bilinguals can code-switch and use their languages as resources to find better ways to convey meaning. Code-switching can also be defined as: "the alternation of two languages within a single discourse, sentence, or constituent."

17 Euphemism comes from the Greek word euphemia(εὐφημία) which refers to the use of 'words of good omen'; it is a compound of eû (ε ὖ), meaning 'good, well', and phếmē (φήμη), meaning 'prophetic speech; rumour, talk'. [3] Eupheme is a reference to the female Greek spirit of words of praise and positivity, etc. The term euphemism itself was used as a euphemism by the ancient Greeks; with the meaning "to keep a holy silence"(speaking well by not speaking at all).

(Retrieved from https://en.wikipedia.org/wiki/Euphemism)

18 People tend to use soft, indirect, and socially acceptable expressions to substitute unacceptable words or expressions(Bani Mofarrej & Al-Abed Al-Haq, 2015).

사회언어학의 이해

제3장

언어 변이 : 방언

    동일한 언어를 사용할지라도 화자에 따라 사용하는 어휘, 발음, 문법은 차이를 나타낸다. 언어 사용에 있어 화자에 따른 차이를 보이는 화자 변이 speaker variation는 화자 자신에 대한 정보를 제공하는 역할을 한다. 가령, 화자가 채소 이름을 '정구지'라고 한다면, 이는 청자로 하여금 화자가 경상도 지역 출신임을 짐작할 수 있는 단서를 제공한다. 이는 화자 자신이 '나는 경상도 출신'이라는 사실을 직접 언급하지는 않았지만, 변별적 어휘 사용을 통해 화자의 출신 지역에 대한 유추를 가능하게 한다.

    대화 참여자에 대한 정보는 어휘 이외에도 단어, 구 또는 문장 발화시 부가적으로 사용되는 초분절적 요소suprasegmental element인 음의 고저pitch와 억양intonation을 통해서도 해당 화자가 속한 언어 공동체를 추론할 수 있다.

    제3장에서는 영어의 예를 중심으로, 언어 사용에 나타난 방언 간 차이에 대해 살펴보기로 한다.

언어란 '사람들 간 사고를 교환하고 중재하는 표현 체계'라고 정의하였다(Finegan 2004). 그렇다면, 방언은 어떻게 정의할 수 있는가? '방언dialect'이란 용어는 1577년에 '말하는 방식way of speaking'이란 뜻을 지닌 라틴어 단어 'dialectus'에서 만들어졌으며, Vajda는 한 언어 집단에 속한 사람들이 말하는 언어 변이language variants를 방언이라 정의하였다.[1]

일부 언어학자들은 각기 다른 상황에서 사용하는 언어 변이를 기술할 때, '변이'를 뜻하는 접미사 '-lect'를 붙여서 용어를 만들기도 한다. 가령 한 개인의 특유한 말씨는 'idiolect', 한 가족의 독특한 말하는 방식은 'familylect', 더 나아가 특정 마을에 거주하는 사람들이 말하는 방식에는 'villagelect'와 같은 명칭을 부여한다. Holmes(2013)는 언어와 방언 간 관계에 대해 다음과 같이 기술하였다.

> So a language can be thought of as a collection of dialects that are usually linguistically similar, used by different social groups who choose to say they are speakers of one language which functions to unite and represent them to other groups. (Holmes 2013:138)

언어는 각기 다른 사회 집단에 속한 사람들이 언어학적으로 유사한 음을 발화하는 방언들의 집합체라고 Holmes(2013)는 설명하였다. 이 개념을 조금 더 확장시키면, 각기 다른 개인어로 말하지만, 언어학적으로 유사한 개인어를 발화하는 집단이 모여 방언을 이룬다. 또한 각기 다른 방언을 사용하나, 언어학적으로 유사한 특징을 지닌 방언들의 집합체가 하나의 언어를 구성한다고 할 수 있다. 따라서 개인어, 방언, 언어 간 관계는 다음과 같이 나타낼 수 있다.

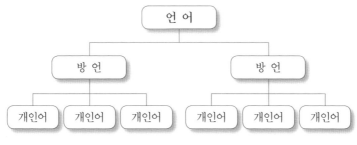

[도표 3-1] 언어, 방언, 개인어 간 관계

그렇다면, 언어와 방언은 어떻게 구별하며, 이 두 개념을 구별하는 기준은 무엇인가? 가령 두 개의 유사한 언어 형태가 있는 경우, 유사한 두 개의 언어 형태를 한 언어의 방언들로 분류해야 하는가? 또는 각기 다른 별개의 언어로 취급해야 하는가? 일반적으로 언어학자들은 언어와 방언을 구별하는데 있어 세 가지 기준인 상호 이해도mutual intelligibility, 문화적 요인cultural factor, 해당 언어의 정치적 지위political status에 바탕을 두어 설명한다.

언어와 방언을 구별하는 첫 번째 기준인 상호 이해도는 서로 유사한 언어를 사용하는 언어 사용자들이 자신의 모국어를 사용하여 다른 모국어 화자와 대화를 나눌 때, 상대방이 사용하는 언어를 서로 어느 정도 이해할 수 있는지에 기준을 두어 분류한다. 즉, 화자와 청자가 사용하는 언어가 서로 다르나 자신의 모국어를 가지고 서로 대화를 나누는 경우, 상대방의 말을 이해하는데 어려움이 없다면, 이 두 언어는 동일 언어에 속한 변이인 방언으로 분류한다. 반대로, 자신의 모국어를 사용하여 대화할 때, 서로 상대방의 말을 전혀 이해하지 못하여 의사소통이 전혀 이루어지지 않는다면, 이 두 언어는 별개의 언어로 간주한다.

네덜란드어, 독일어, 영어에 대해 살펴보도록 하자. 예를 들어 세 개의 언어 모국어 화자들이 자신의 모국어만을 사용하여 대화한다고 가정해 보자. 이 경우 대화가 이루어지는 동안 각기 다른 모국어 화자들은 자신의 모국어와 비슷한 음이나 어휘를 들었을 때 대화 내용을 조금 유추하고 이해하는 것이

가능하나, 자신의 모국어를 사용하여 상대방과 자유자재로 의사소통을 하는 것은 어렵다. 따라서 이 세 개의 언어는 서로 상호 이해도가 매우 낮으므로, 한 언어에 속한 언어 변이가 아닌, 각기 다른 별개의 언어로 분류해야 한다.

하지만, 영국 영어, 호주 영어, 미국 영어인 경우는 다르다. 이 세 개의 언어 사용자들은 거주하는 국가가 다르고, 일부 어휘의 발음, 철자와 어휘 사용에서 차이를 나타내지만, 자신의 언어를 사용하여 서로 대화를 나누는 데에는 아무런 어려움이 없다. 따라서 영국 영어, 호주 영어, 미국 영어는 별개의 언어가 아닌 한 언어에 속한 언어 변이로 간주한다.

언어와 방언을 구별하는 두 번째 기준은 문화적 요인이다. 여기에서 문화적 요인이란 자신이 사용하는 언어에 대한 해당 언어 사용자들의 생각이나 견해를 반영시키는 것이다. 가령, 경상도 방언 화자와 서울 방언 화자의 말을 비교해 보면, 음의 고저나 억양 그리고 어휘 사용에서는 차이를 나타내지만, 서로 의사소통을 하는데 많은 어려움이 없다. 또한, 이 두 방언 사용자들은 공통된 문화와 문화적 신념을 지니고 있다고 보기 때문에, 경상도 방언은 한국어에 속한 언어 변이인 방언으로 분류한다.

또 다른 한 가지 예로, 덴마크어, 스웨덴어, 아이슬란드어 간 관계에 대해 살펴보기로 하자. 이 세 가지 언어 사용자들은 자신의 모국어를 사용하여 서로 의사소통을 하는데 있어 전혀 어려움을 보이지 않는다. 따라서 이 세 가지 언어 사용자들의 상호 이해도는 매우 높은 것으로 판단되나, 해당 언어 사용자들은 상대방의 언어를 동일한 언어에 속한 변이라고 생각하지 않는다. 즉, 덴마크어 화자는 스웨덴어와 아이슬란드어를 덴마크어에 속한 변이로 간주하지 않으므로, 이 세 가지 언어는 별개의 언어로 분류한다.

다음은 만다린 중국어Mandarin Chinese와 광둥어Cantonese Chinese에 대해 살펴보기로 한다. 이 두 언어의 형태는 일반적으로 하나의 언어 '중국어'에 속한 것으로 분류되나, 만다린 중국어 화자와 광둥어 화자가 서로 대화할 때 전혀 의사소통이 이루어지지 않는다. 만다린 중국어와 광둥어는 상호 이해도는 매우 낮게 판단되나, 이 두 언어 사용자들은 중화권에 속한 사람들이 지닌 문화, 풍습, 관습 등에 대해서는 공통된 가치관을 가지고 있다. 따라서 만다린 중국어와 광둥어는 상호 이해도가 매우 낮게 나타나지만, 공통된 문화를 지니고 있다는 점에서 이 두 언어는 별개의 언어가 아닌, 중국어에 속한 변이형인 방언으로 분류한다.

언어와 방언을 구별하는 세 번째 기준은 해당 언어를 사용하는 나라의 정치적 지위와 연관이 있다. 가령, 두 개의 언어 사용자 간 상호 이해도가 매우 낮고, 해당 문화에 대한 공통된 가치관도 지니지 않으나, 한 나라가 다른 나라의 독립국이라는 이유만으로 별개의 언어가 아닌 한 언어의 방언으로 취급되기도 한다. 우크라이나어와 러시아어의 경우가 이에 해당된다. 이 두 언어는 상호 이해도가 매우 낮음에도 불구하고, 러시아 제국 시절Great Russia에 우크라이나가 소러시아Little Russia로 불리어졌다는 이유만으로 우크라이나어는 러시아어의 하위 변이형으로 여겨졌다. 이처럼 언어와 방언 간 분류는 언어의 상호 이해도나 해당 언어 사용자의 견해와 같은 문화적 요인과는 무관하게 정치적 지위의 영향을 받기도 한다.

이처럼 언어와 방언을 분류하는 기준이 제시되고 있기는 하나, 이러한 기준만을 가지고 언어와 방언을 분류하는 것은 모호한 면이 있다. 그러나 사회언어학을 이해하는데 있어 적어도 언어와 방언을 구별하는 기준에 대한 이해는 필요하다고 본다. Crystal(1987:287)은 세 가지 분류 기준 중, 두 가지 기준인 언어 상호 이해도와 문화적 요인에 따라 방언과 언어 간 관계를 다섯 가지 유형으로 나누어 설명하였다.

[유형 1]은 영국 영어와 미국 영어의 예이다. 이 두 가지 언어는 상호 이해도가 높으며 동시에 공통된 문화를 가지고 있다. 따라서 두 가지 언어는 같은 언어에 속한 방언으로 분류한다. [유형 2]는 영어와 힌디어의 예이다. 두 가지 언어는 상호 이해도가 낮으며, 또한 서로 다른 문화권에 속해 있기 때문에, 영어와 힌디어는 별개의 언어로 본다. [유형 3]은 노르웨이어와 덴마크어

의 경우이다. 두 가지 언어는 상호 이해도는 높게 나타나지만, 해당 언어 사용자들은 서로 다른 문화권에 속해 있다고 생각한다. 이런 경우, 두 가지 언어는 같은 언어의 변이로 보아야 할 것인가? 아니면 별개의 언어로 분류해야 하는가? [유형 4]는 광둥어와 하카어인 경우, 두 가지 언어 간 상호 이해도는 매우 낮으나 동일한 문화적 배경을 가지고 있다. 이런 경우에, 두 가지 언어는 어떻게 분류해야 할 것인가? [유형 5]는 터키어와 우즈베크어는 어느 정도 서로 의사소통이 가능하고 비슷한 문화적 배경을 공유하고 있다. 이런 경우, 두 가지 언어를 어떻게 분류해야 하는 것인가?

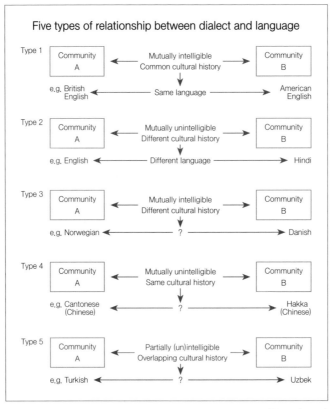

(Crystal 1987)

[도표 3-2] 방언과 언어 간 관계를 나타내는 다섯 가지 유형

한 언어에 속한 변이형인 방언은 발음, 어휘와 문법적 요소 등에 따라 지리적 또는 사회적으로 널리 퍼져 형성된 언어 변이를 일컫는다(Auer *et al.* 2005; Holmes 2008; Trudgill & Watt 2012). 이처럼 지리적, 사회적인 요인으로 인해 형성된 방언을 각각 지역 방언regional dialect과 사회 방언social dialect이라고 부른다. 지역 방언은 강이나 산 등 지역적 특성으로 인해 형성되는 언어이며, 사회 방언은 교육적, 직업적, 종교적 신분과 같은 사회적 배경 때문에 이루어진 언어이다.

다음 절에서는 방언의 두 가지 유형인 지역 방언과 사회 방언에 대해 살펴보기로 한다.

3.2 지역 방언

지역 방언regional dialect은 한 언어가 공간적으로 분화된 방언을 가리킨다. 즉 내적 · 외적 요인에 의해 한 언어가 지리적으로 새로운 체계를 형성할 때 이를 지역 방언이라 한다(정인호 2003). 처음 만난 사람에 대한 정보는 상대방 말투 또는 사용하는 어휘를 통해 그 사람은 '~지역 출신이다' 또는 '~지역 출신일 것이다.'라고 추측한다.

이처럼 상대방이 사용한 어휘나 말투에 기초를 두어 화자 정보에 대해 추측하는 것은 지역 방언에 바탕을 둔 분류이다. 이 책에서는 지역 방언의 예로 미국 영어에 대해 살펴보기로 한다.

3.2.1 지역 방언 : 발음

미국 영어는 크게 북부 방언Northern Dialect, 남부 방언Southern Dialect, 중부

방언Central Dialect으로 구분되는 3대 방언으로 분류한다.

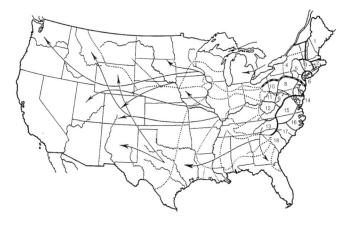

| THE NORTH | THE MIDLAND | THE SOUTH |

THE NORTH
1. Northeastern New England
2. Southeastern New England
3. Southwestern New England
4. Inland North
5. The Hudson Valley
6. Metropolitan New york

THE MIDLAND
North Midland
  7. Delaware Valley(Philadelphia)
  8. Susquehanna Valley
10. Upper Ohio Valley(Pittsburgh)
11. Northern West Virginia

South Midland
  9. Upper Potomac & Shenandoah
12. Southern West Virginia &
    Eastern Kentucky
13. Western Carolina & Eastern
    Tennessee

THE SOUTH
14. Delmarva(Eastern Shore)
15. The Virginia Piedmont
16. Northeastern North Carolina
17. Cape Fear & Peedee Valley
18. The South Carolina Low Country

(O'Grady 1991: 445)

[도표 3-3] 미국의 3대 방언 지역

    북부 방언은 New Jersey 중부에서 북Pennsylvania에 이르는 지역에서 주로 사용된다. 남부 방언은 대서양을 중심으로 New Jersey 남쪽 경계에 있는 남쪽과 동쪽 지역 그리고 Virginia, Carolina 북쪽 지역과 남쪽 지역 등에서 주로 사용한다. 중부 방언은 Boston을 중심으로 Maine, New Hampshire, Vermont, Massachusetts, Rhode Island와 New York 동부 일부 지역 그리고 New York 서쪽지방, New Jersey, Pennsylvania 지역을 지역을 포함해서 태평양 연안에이르는 미국 영토의 2/3에 달하는 지역 뿐 아니라 미국 인구의 2/3에 해당하는 사람들이 사용하는 방언이다.

다음은 미국 영어 3대 방언의 모음 변이를 나타낸 것이다.

[표 3-1] 미국영어 3대 방언 모음 변이

단어	북부 방언	중부 방언	남부 방언
creek	ɪ 또는 i	북부 중부 방언: ɪ 남부 중부 방언: i	i
penny	ɛ	ɛ	남서부 지역: ɪ
Mary	뉴잉글랜드 동부지역: e 나머지 지역: ɛ	ɛ	e
married	애팔래치아 산맥 동부 지역: æ 나머지 지역: ɛ	ɛ	ɛ
cow	ɑu	æu	æu 또는 ɑu
sister	ɪ	동부지역: i	동부지역: i
foreign	ɔ	ɑ	ɑ
orange	ɑ 또는 ɔ	ɑ와 ɔ	ɑ와 ɔ
tomato	o	ə	o 또는 ə
coop	u	u 또는 ʊ	ʊ
roof	u	u 또는 ʊ	u
bulge	ə	ə 또는 u	ə 또는 u
farm	ɑ	ɑ와 ɔ	ɑ와 ɔ
wire	ɑɪ	ɑɪ 또는 ɑ	ɑ
won't	ə	o	o
fog	ɑ	ɔ	ɔ
hog	ɑ	ɔ	ɔ
on	ɑ	ɔ	ɔ
long	ɔ	ɔ	ɑ
careless	i	ə	i
stomach	ə	ɪ	ə

정동빈(1981: 392-393)

일부 언어학자들은 미국 영어를 3대 방언으로만 분류하는 것은 너무 광범

위하다고 주장하면서, 언어학자들마다 약간의 차이를 보이지만, 보통 7대 방언으로 분류한다. Thomas(1947)는 미국 영어를 7개로 분류하였으며, 이는 동 뉴잉글랜드 방언, 뉴욕 방언, 중부 대서양 방언, 서 펜실베니아 방언, 남부 산악 방언, 남부 방언과 전미 방언이다.

(Thomas 1947: 155-160)

[도표 3-4] 미국의 7대 방언 지역

여상필(2003:30-34)은 미국 영어의 7대 방언의 발음 특징을 다음과 같이 기술하였다.

(1) 동 뉴잉글랜드 방언Eastern New England dialect: Masachusetts 일부 지역과 Vermont주의 일부 동쪽 지역에서 이 방언을 사용하고 있다. 이 지역 방언의 특징은 [r]음을 발음하지 않는다.

(2) 뉴욕 방언New York dialect: Eastern New England 방언처럼 [r]음을 발음하지 않는 특징이 있다. Eastern New England 방언과는 달리, 이중모음 [aɪ], [ɔɪ], [aʊ]의 발음이 안정적이지 못하다.

(3) 중부 대서양 방언Middle Atlantic dialect: New Jersey 남쪽 지역, Delaware 북쪽 일부 지역, Maryland 인접 지역에서 사용되는 방언이

다. Easter New England와 New York 방언과는 달리, 중부 대서양 방언에서는 [r]음을 발음한다.

(4) 서 펜실베니아 방언Western Pennsylvania dialect: 이 지역 방언의 특징은 New York 방언과는 달리 [r]음을 발음하며, 또한 absorb, greasy와 같은 단어에서 [z]를 [s]로 발음하는 경향이 있다.

(5) 남부 산악 방언Southern Mountain dialect: Pennsylvania와 Maryland의 경계에 있는 지역을 제외한 West Virginia와 North Carolina의 산악지역 등지에서 사용하는 방언이다. 이 방언의 특징은 서Pennsylvania방언과 마찬가지로 [r]음을 보존한다. 또한 /s/는 흔히 [z]로 발음한다.

(6) 남부 방언Southern dialect: Virginia, Tennessee Alabama, Texa와 Oklahoma의 남쪽 지역에서 사용하는 방언으로, 남부의 느린 말투가 이 방언의 특색이다.

(7) 전미 방언General American: New Jersey, Pennsylvania, New York 서쪽 일부 지방에서 서부에 이르기까지 미국 영토의 2/3에 달하는 지역에 걸쳐 미국 인구의 2/3가 사용하는 방언이다. 이 방언은 'the most distinctly American Manner of speaking'이라고 일컬어질 만큼 미국 영어의 표준 발음으로 여겨진다.

지역 방언의 특징을 나타내는 방법으로는 해당 음의 변이형을 표로 작성하기도 하며, 또한 시각적인 효과를 높이기 위해 지도에 언어음 변이를 직접 나타내는 방법도 있다. 지도에 각 단어의 변이형을 나타내는 방법은 지역 방언의 특징을 나타내는 지표가 된다. 다음은 세 개의 단어 'route', 'Mary/merry/marry', 'cot/caught'의 모음 변이를 시각적으로 나타낸 것이다.

단어 'route'의 모음인 경우, 미국 북동부 화자는 'hoot'의 모음처럼[u:]로 발음하나, 북중부 화자는 'out'의 모음인 [au]로 발음한다. 이들 지역을 제외한 대부분 지역에서는 [u:] 또는 [au]로 발음함을 볼 수 있다.

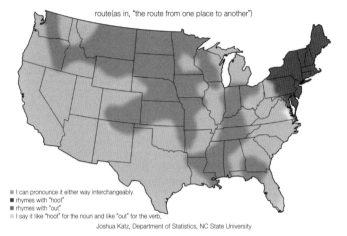

route(as in, "the route from one place to another")

■ I can pronounce it either way interchangeably
■ rhymes with "hoot"
■ rhymes with "out"
■ I say it like "hoot" for the noun and like "out" for the verb.

Joshua Katz, Department of Statistics, NC State University

[도표 3-5] 단어 'route' 모음 발음 변이 분포도[2]

다음은 세 개의 단어 'Mary, merry, marry'의 모음 발음 변이이다. 대부분 지역에서는 이 세 단어들의 모음을 똑같이 발음한다. 그러나 Pennsylvania 일부 지역에서는 'Mary'와 'merry'는 똑같이 발음하지만, 'marry'는 다르게 발음한다. 반면에, New Jersey, Connecticut, Rhode Island와 Massachusetts에서는 세 개의 단어를 모두 변별적으로 구별하여 발음함을 볼 수 있다.

How do you pronounce Mary/merry/marry?

■ all 3 are the same
■ Mary and merry the same; marry is different
■ all 3 are different
■ Mary and marry are the same; merry is different

Joshua Katz, Department of Statistics, NC State University

[도표 3-6] 단어 'Mary/merry/marry' 모음 변이 분포도[3]

[도표 3-7]은 'cot'과 'caught'의 모음 발음 변이를 나타낸 것이다. Texas주 서쪽 지역과 Missouri주 그리고 Wisconsin주를 포함한 서쪽 지역에서는 이 두 단어를 변별적으로 구별하지 않고, 후설 저모음back-low vowel [ɑ]로 발음한다. 하지만, Indiana, Ohio, Alabama, Georgia, New York과 New Jersey에서는 이 두 단어의 모음을 변별적으로 구별하여 발음함을 보여준다.

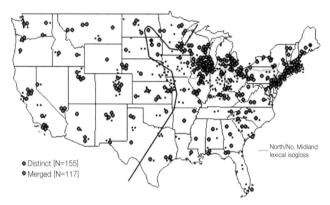

[도표 3-7] 단어 'cot vs. caught' 모음 변이 분포도[4]

[도표 3-8]은 단어 'been'의 모음 변이 분포도이다. Montana, South Dakota Wisconsin과 Michigan주에서는 'been'의 모음을 [ɛ]로 발음하지만, 그 외 대부분의 지역에서는 [ɪ]으로 발음함을 보여준다.

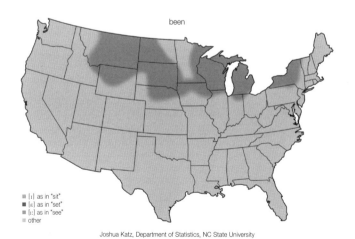

[도표 3-8] 단어 'been' 모음 변이 분포도[5]

[도표 3-9]는 단어 'caramel'의 음절수에 따른 분포를 나타낸다. 동부와 남부 일부 지역에서는 'caramel'을 'car-ra-mel'인 3음절로 발음하나, 그 외 나머지 지역에서는 2음절인 'car-ml'로 발음하는 경향을 보인다.

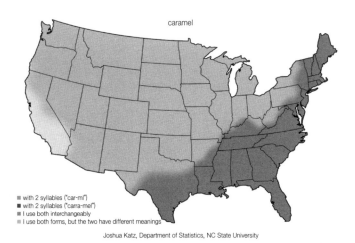

caramel

- with 2 syllables ("car-ml")
- with 2 syllables ("carra-mel")
- I use both interchangeably
- I use both forms, but the two have different meanings

Joshua Katz, Department of Statistics, NC State University

[도표 3-9] 단어 'caramel' 음절 변이 분포도[6]

다음은 영국 영어에서의 /h/음 탈락/h/-dropping 변이를 나타낸다. /h/음 탈락은 'history, hear, him'과 같은 단어들에서 'h'음을 발음하지 않는 현상이다. Wells(1982:254)는 저서 『Accents of English』에서 /h/음 변이는 "영국에서 가장 강력한 발음 요소appears to be the single most powerful pronunciation shibboleth in England"라고 설명하였으며, 이러한 음 탈락 현상은 '잉글랜드 남동부 지역 영어Estuary English'[7]와 연관된 특징이기도 하다.

(Upton & Widdowson, 2006)

[도표 3-10] 지역에 따른 영국 영어의 /h/음 탈락

3.2.2 지역 방언 : 어휘

미국 영어의 지역 간 방언 차이는 발음 뿐 아니라 어휘에서도 나타난다. 다음은 어휘 사용에 있어 지역 방언 간 차이를 보여준 예이다.

[표 3-2] 지역 방언에 따른 미국영어 어휘

질문 항목	북부 방언	중부 방언	남부 방언
to put room in order		redd up ridd up	
paper container	bag	sack	sack
on outside of house	faucet	spigot spicket	spigot spicket
container	pail	bucket	bucket
metal utensil	spider	skillet	skillet
board	clapboards	weatherboards	

devices at roof	gutters eaves spouts eaves troughs	gutters spouting spouts	gutters
baby moves	creeps	crawls	crawls
worm	angleworm	fishing worm	fishing worm
dish	dessert sauce fruit	dessert fruit	dessert fruit
become ill	get sick	take sick	take sick
with a cold	catch a cold	take a cold	take a cold
sick	to his stomach	on his stomach in his stomach	
cherry	pit stone	seed stone	seed stone
corn	corn-on-the-cob green corn sweet corn	corn-on-the-cob green corn roasting ears	roasting ears sweet corn
tops		greens	greens salad
cottage cheese	dutch cheese pot cheese	smearcase	clabber cheese
to carry	armful	armload	armload

(정동빈 1981: 393)

다음은 어휘 사용에 있어 지역 간 차이를 나타낸 어휘 분포도이다.

[도표 3-11]은 '분수식 식수대'를 지칭할 때, 지역 간 차이를 보여준다. 서부 지역 화자들은 'drinking fountain'이라고 하는 반면에, 남부와 일부 동부 지역 화자들은 'water fountain'이라고 한다. 또한, Wisconsin 서쪽 지역에서는 'bubbler'라고 일컫는다.

[도표 3-11] 'water fountain, drinking fountain, bubbler' 어휘 사용 분포도[8]

[도표 3-12]는 탄산음료를 지칭하는 어휘 분포도이다. Vermont, New Hampshire, Maine, Massachusetts, New Jersey, Washington D.C. 와 California주 화자들은 탄산음료를 'soda', 중북부 지역에서는 'pop' 그리고 남부 지역에서는 'coke'란 단어를 사용함을 볼 수 있다.

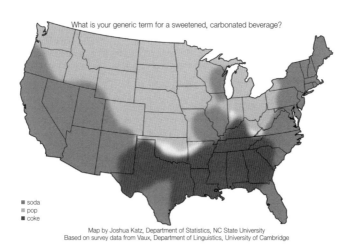

[도표 3-12] 지역에 따른 'soda, pop, coke' 어휘 분포도[9]

[도표 3-13]은 '할로윈 전날 밤'을 지칭하는 어휘 분포도이다. 대부분 지역에서는 할로윈 전날 밤을 지칭하는 특정한 단어가 없다. 그러나 Michigan주에서 'devil's night', New Jersey주에서는 'mischief'란 단어를 사용하였다.

[도표 3-14]는 '두 사람 이상'을 지칭할 때 사용하는 어휘 분포도이다. 남부 지역에서는 'y'all'이라 하는 반면, Kentucky주에서는 'you all'이라고 표현한다. 그리고 그 외 대부분 지역에서는 'you guys'로 표현하였다.

Joshua Katz, Department of Statistics, NC State University

[도표 3-13] '할로윈 전날 밤'을 지칭하는 어휘 분포도[10]

Joshua Katz, Department of Statistics, NC State University

[도표 3-14] '두 사람 이상'을 지칭하는 어휘 분포도[11]

[도표 3-15]는 말린 크랜베리를 지칭하는 어휘 분포도이다. 서부, 중서부 지역과 동부 일부 지역에서는 'dried cranberry'라고 하며, 북쪽 지역에서는 'craisin' 또는 'puckerem'이란 단어를 사용하였다.

[도표 3-15] '건 크랜베리'를 지칭하는 어휘 분포도[12]

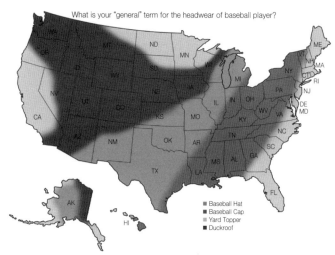

[도표 3-16] 지역에 따른 '야구 모자'를 지칭하는 어휘 분포도[13]

[도표 3-16]은 야구 선수가 머리에 착용하는 모자를 가리키는 어휘 분포도이다. 중서부 지역에서는 'duckroof'란 단어를 주로 사용하지만, 중동부 지역에서는 'baseball cap' 또는 'baseball hat'으로 표현한다. 또한, 동부 지역에서는 'yard topper'라고도 한다.

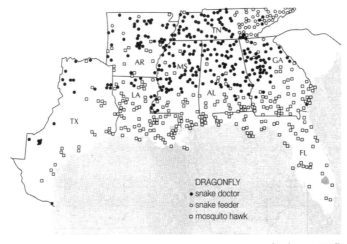

(Pederson 1986)

[도표 3-17] 'dragonfly'를 지칭하는 어휘 분포도[14]

'dragonfly'를 지칭하는 어휘로는 'snake doctor', 'snake feeder'와 'mosquito hawk' 등이 있다. 이러한 어휘 선택을 하는데 있어, Texas 북쪽 지역, Tennesse주 서쪽과 Alabama와 Mississippi주와 Georgia주 북쪽지역에서는 주로 'snake doctor'를 사용하지만, Tennessee주 동쪽 지역에서는 'snake feeder'를 사용하였다. 반면에, Texas주 남쪽과 중부 지역, Lousianan와 Florida 대부분 지역과 Georgia주 남서부 지역에서는 'mosquito hawk'을 사용함을 볼 수 있다.

이처럼 지역에 따른 어휘 사용의 차이는 방언을 나타내는 지표가 된다. 이러한 어휘 선택은 동시대에서 지역에 따라 다르기도 하고, 시간에 따른 과거와 현재에 사용하는 어휘가 변화하기도 한다.

[도표 3-18]은 1950년대와 2016년에 영국 영어에서 '피부 밑에 박힌 나무가시'를 뜻하는 어휘 사용에서의 변화를 보여준다. 1950년대에는 피부 밑에 박힌 나무가시를 일컬을 때 'splinter, spell, spelk, sliver, shiver' 등과 같은 다양한 어휘들이 지역에 따라 다르게 사용되었다. 하지만, 2016년에서는 Leeds 위쪽 지역에서만 'spelk'라는 단어가 여전히 사용되었으며, 그 외 나머지 모든 지역에서는 'splinter'로 통일하여 사용함을 볼 수 있다. 이는 시간의 흐름에 따라 사용하는 어휘도 변화된다는 것을 입증하는 예이다.

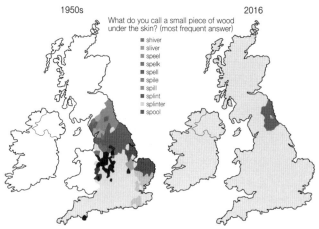

[도표 3-18] 1950년대와 2016년 '피부 밑에 박힌 나무가시'를 지칭하는
영국 영어 어휘 분포도[15]

3.2.3 지역 방언 : 문법

미국 영어는 문법 사용에 있어서도 지역적 차이를 나타낸다. 정동빈(1981:395-401)은 미국 영어의 3대 방언에 나타난 문장의 문법적 차이에 대해 다음과 같이 여덟 가지로 요약하였다.

첫째, 각 지역 방언은 전치사의 쓰임에서 차이를 나타낸다.

(1) Trouble comes all to once. (북부방언)

Trouble comes all at once. (중부방언)

(2) We're waiting on John. (중부방언)

We're waiting for John. (북부방언)

둘째, 주어와 동사의 수일치가 다르게 나타난다.

(3) The oats is thrashed. (중부방언)

The oats are thrashed. (북부방언)

(4) These cabbages is for sale. (중부방언)

These cabbages are for sale. (북부방언)

셋째, 명사의 복수형이 지역 방언마다 다르게 쓰인다.

(5) He has two pound of butter. (남부방언)

He has two pounds of butter. (중부방언)

(6) That's a long way. (북부방언)

That's a long ways. (중부방언)

넷째, 대명사의 쓰임이 지역마다 다르게 나타난다.

(7) It's me.

It's I. (북부방언)

(8) He's going to do it himself. (북부방언)

He's going to do it hisself. (남부방언)

다섯째, 형용사의 쓰임이 지역별로 다르게 쓰인다.

(9) The oranges are all gone. (남부방언)

The oranges are all. (북부방언)

(10) Some berries are poison. (북부방언)

Some berries are poisonous. (중부방언)

여섯째, 동사의 과거시제형이 지역마다 다르게 나타난다.

(11) sing, sang, sung(북부방언)

sing, sung, sung(남부방언)

⑿ give, gave, given(남부방언)

give, give, given(북부방언)

일곱째, 문장어순이 지역에 따라 다르게 배열된다.

⒀ Will the train leave on time?

I wonder if the train will leave on time. (표준영어)

I wonder will the train leave on time. (중부 방언)

여덟째, 수동태 쓰임에 있어서 중부방언에서는 'be-수동문'과 'get-수동문'의 차이를 혼용하고 있다.

⒁ John was arrested on purpose.

John get arrested on purpose.

3.3 등어선

변별적 언어 특징이 나타나는 지역을 표시하는 지리학적 경계를 등어선 isoglosses[16]이라고 한다. 등어선을 사용하여 지역에 따른 언어학적 특징을 구분하는 것은 방언을 분류하는데 도움이 된다. [도표 3-19]는 미국 중서부 북쪽 지역에 따른 'paper bag vs. paper sack'의 등어선을 나타낸 지도이다.

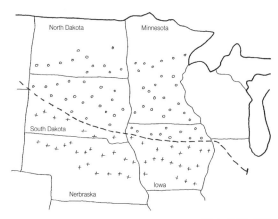

(Yule 2005: 197)

[도표 3-19] 미국 중서부 북쪽 지역에 따른 'paper bag vs. paper sack'의 등어선을 나타낸 지도

[도표 3-20]은 'humor'의 /hy/ 발음, 'on'의 발음과 'boulevard', 'come in(fresh)', 'caterwampus', 'roasting ears', 'light bread'와 같은 단어와 구의 사용에 따라 미국 중북부 지역을 일곱 개의 등어선으로 표시한 것이다.

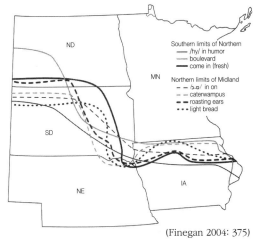

(Finegan 2004: 375)

[도표 3-20] 미국 중북부 지역에 나타난 일곱 개의 등어선

3.4 사회 방언

사회 방언Social dialect, Sociolect은 사회 내에서 종교, 생활 및 교육 수준, 인종 차이와 같은 다양한 사회적 요인으로 인해 생겨난 방언을 일컫는다.[17] Trudgill(1983)은 지역 방언과 사회 방언 간 관계를 두 개의 축으로 나타내었다.

지역 방언과 사회 방언 간 관계는 정사각형인 아닌, 위로 올라갈수록 폭이 좁아지는 삼각형 모양을 나타낸다(이익섭 1994: 81). 다시 말해서, 사람들의 사회·경제적 수준이 높은 상위 계층에 속한 사람들일수록 표준어를 더 많이 사용하는 반면, 사회·경제적 수준이 낮을수록 지역 방언을 더 많이 사용하는 경향을 나타낸다. 이는 사회 방언이 지역 방언보다 우위에 있음을 보여준다. 지역 방언과 마찬가지로, 화자의 사회적 요인에 의해 일어나는 사회 방언 역시 언어 사용에도 영향을 끼친다.

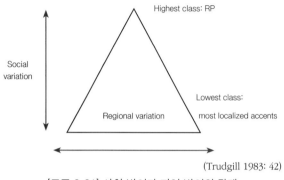

(Trudgill 1983: 42)

[도표 3-21] 사회 방언과 지역 방언의 관계

3.4.1 사회 방언 : 발음

3.4.1.1 /r/음

화자의 발음 변이가 사회 지표임을 나타내는 연구는 Labov(1966)에 의해 처음 이루어졌다. Labov(1966)는 모음 뒤에 후속하는 /r/음이 New York시 화자들의 사회·경제적 수준에 따라 다르게 발음된다는 것을 관찰하였다. 이를 바탕으로 하여, 화자의 사회·경제적 수준과 /r/음 간 상관관계가 있다는 가설을 세워 연구하였다.

역사적으로 New York시 방언은 /r/음을 발음하지 않는 r-less 특징을 가지고 있다. 그러나 일부 New York시 화자들은 /r/음을 발음하지 않는 것이 부정적인 이미지를 줄 수 있다고 생각하여 다시 /r/음을 사용하기 시작하였다. Labov(1966)는 New York시 화자들의 사회·경제적 수준에 따른 차이가 /r/음에 대한 인식에 영향을 끼치는지 관찰하기 위해, New York Manhattan에 있는 세 곳의 백화점 Saks Fifth Avenue, Macy's 그리고 S. Klein에서 근무하는 직원들의 발화에서 /r/음 발음 실현율을 분석하였다.

Saks Fifth Avenue는 중상류 계층 사람들이 많이 방문하는 백화점이고,

Macy's는 중류 계층 사람들 그리고 S. Klein은 주로 노동자 계층의 사람들이 많이 이용하는 할인점이다. 이 세 곳의 백화점의 서열은 직원의 월급이 아닌 백화점의 명성과 직원들의 근무 환경에 따라서 Saks, Macy's 그리고 S. Klein 순으로 순위가 매겨졌다.

Labov는 각 백화점에서 근무하는 점원들에게 /r/음이 들어간 단어를 사용해야만 대답할 수 있는 질문을 하였다. 다음은 점원들과 나눈 대화로, 점원들은 /r/음이 들어간 단어를 네 번씩 발화해야만 했다.

> Question 1: Where can I find the lamps?
> Answer 1: Fourth floor
> Question 2: Excuse me?
> Answer 2: Fourth floor

Labov는 세 곳의 백화점에서 근무하는 점원들의 발화에서 /r/ 발음 유무와 화자의 사회 · 경제적 수준 간 상관관계가 있음을 발견하였다.

[도표 3-22]는 백화점 종류에 따른 점원들의 /r/음 발화 빈도를 나타낸 것이다. Saks와 Macy's 백화점 점원들은 S. Klein 점원들에 비해 /r/음 발화 빈도율이 훨씬 높게 나타났다. 또한, Saks 백화점 점원이 Macy's 백화점 점원보다 /r/음을 더 많이 발음하였다.

그 다음, 세 곳의 백화점에 근무하는 여성 점원만을 대상으로 하여 /r/음 발화 빈도를 비교, 분석하였다. 그 결과, 중상류층 이상의 고객이 방문하는 백화점에 근무하는 점원들이 할인점에 근무하는 점원에 비해 /r/음 발화 빈도가 더 높게 나타났다.

백화점 점원들의 성별을 고려하지 않은 경우[도표 3-22]와 여성 점원만을 대상으로 한 경우[도표 3-23]를 비교해 본 결과, 여성의 /r/음 발화 빈도가 남성보다 더 높다는 것을 볼 수 있다.

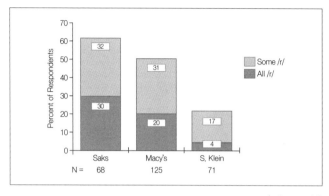

(Labov 1966)

[도표 3-22] New York시 백화점 종류에 따른 /r/음 발화 빈도[18]

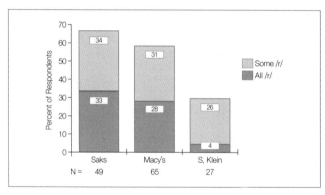

(Labov 1966)

[도표 3-23] New York시 백화점 백인 여성 점원의 /r/음 발화 빈도[19]

다음은 백화점 점원이 근무 부서에 따른 /r/음 발화 빈도를 분석한 것이
다. [도표 3-24]에서 볼 수 있듯이, 매장 감독관은 매장 판매원과 창고에서 일
하는 소년에 비해 /r/음을 더 많이 발음하였다. 즉, 백화점 점원이 매장에 근
무하는 부서 또한 /r/음 발화에 영향을 끼친다는 것을 볼 수 있다.

Labov는 화자의 사회 · 경제적 수준과 성별 등이 언어음 발화에 영향을 끼치
는 요인이라고 설명하였다. 하지만 미국 영어의 사회적 요인과 /r/음 발화 빈도
간 상관관계에 대한 연구결과는 동일한 음일지라도 언어 공동체마다 음의 표준

형이 다르기 때문에 모든 변이에 똑같이 적용되지 않음을 염두해 두어야 한다.

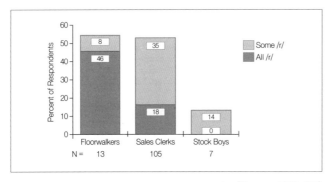

(Finegan 2004: 393)

[도표 3-24] 매장에 근무하는 부서에 따른 /r/음 발화 분석

[도표 3-25]는 New York시와 영국 Reading시화자들이 발화한 /r/음 빈도를 나타낸 것이다. 미국 영어에서는 화자의 사회 계급이 낮을수록 /r/음을 탈락시켜서 발음하지만, 영국 영어에서는 정반대 결과를 나타낸다. 미국 New York시와영국 Reading시에 거주하는 화자들의 /r/음 발화 빈도가 상반된 결과를 보인 이유는 보통 /r/음 발음 유무에 따른 미국 영어와 영국 영어의 언어 문화적 차이가 반영된 것으로 해석된다.

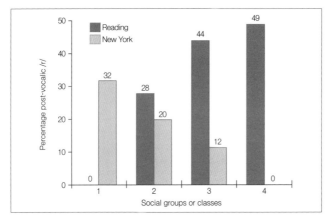

(Romaine 1984: 86)

[도표 3-25] 미국 New York시와 영국 Reading시 화자의 사회 · 경제 수준에 따른 /r/음 실현율

3.4.1.2 /h/음 탈락

/r/음 현상처럼, /h/음 탈락/h/-dropping은 언어음의 화자가 속한 사회 집단을 나타내는 지표의 예이다.[20] /h/음 탈락 현상은 'have, home, house, hell, hungry' 등과 같은 단어들에서 강세 음절stressed syllable에 오는 /h/음을 탈락시켜 발음하는 현상이다. 이에 대해, Montgomery(1995)는 "사회적 계층화에 민감한 현상"이라고 기술하였다. Wells(1982) 역시 /h/음을 탈락시켜 발음한다는 것은 일반적으로 '교육받지 못한' 그리고 '게으름'의 특징으로 간주되므로, 이러한 음 탈락 현상은 사회적 계급이 낮은 근로자 계층에서 나타나는 언어음의 특징을 나타내는 전형적인 표지라고 설명하였다.

3.4.1.3 'ing'음

Labov(1966)와 Trudgill(1996)은 접미사 'ing'을 표준형 /ŋ/ 또는 비표준형 /n/의 발음 선택에 있어 화자의 사회·경제적 수준과 발화 스타일이 영향을 끼치는 요소인지 관찰하였다. Labov와 Trudgill은 미국 New York시 화자와 영국 Reading시 화자를 사회·경제적 수준에 따라 집단을 나누어 일상 대화와 책을 낭독하는 상황을 설정하여 발화 스타일에 따른 'ing'의 표준형 발음 빈도를 측정하였다. 그 결과, 발화 스타일에 따른 접미사 'ing'의 발음 변이는 일상 대화보다는 책을 낭독하는 상황에서 /ŋ/으로의 실현율이 높게 나타났다. 그러나 일상 대화에서는 하류층 화자에 비해 상류층 화자에서 표준형 /ŋ/으로의 발음 빈도가 더 높게 나타났다.

[도표 3-26]과 [도표 3-27]은 미국 영어와 영국 영어 화자의 사회·경제적 수준과 발화 스타일에 따른 접미사 'ing'이 표준형으로 발음한 빈도를 퍼센트로 나타낸 것이다.

이러한 연구결과는 영국 영어와 미국 영어에서 뿐만 아니라 호주 영어를 사용하는 언어 공동체에서도 똑같은 현상이 관찰되었다.

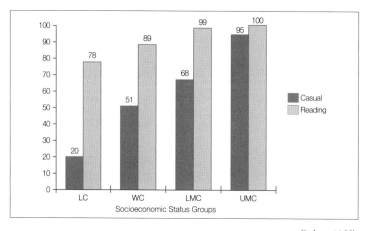

(Labov 1966)

[도표 3-26] 미국 New York 시 화자의 사회계층과 발화 스타일에 따른 표준형 /ɪŋ/ 실현율

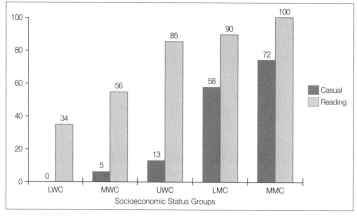

(Trudgill 1996)

[도표 3-27] 영국 Norwich 화자의 사회계층과 발화 스타일에 따른 표준형 /ɪŋ/ 실현율

[표 3-3]은 영국, 미국 그리고 호주 언어 공동체의 화자들을 사회 · 경제적 수준에 따라 네 개의 집단으로 나누어, 접미사 'ing'을 비표준형 [in]으로 발음한 빈도율을 나타낸 것이다.

[표 3-3] 세 개의 영어 공동체 화자의 비표준 발음 빈도율

사회 집단	1	2	3	4
Norwich	31	42	91	100
West Yorkshire	5	34	61	83
New York	7	32	45	75
Brisbane	17	31	49	63

*1은 가장 높은 사회, 경제적 수준, 4는 가장 낮은 수준 집단을 나타낸다. (Holmes 2013:146)

화자가 속한 언어 공동체에 관계없이 사회·경제적 수준이 낮을수록 'ing'을 비표준형 [in]으로 발음하는 경향을 나타냄을 볼 수 있다. 이는 화자의 사회·경제적 수준과 접미사 'ing'의 표준형 발음 실현율 간 관계는 밀접함을 나타내며, 이러한 언어음 발화 특징은 화자가 특정 사회 계층에 속해 있음을 나타내는 음운 지표라 할 수 있다.

3.4.1.4 캐나다 Montreal 불어 /l/ 음 탈락

캐나다 Montreal의 불어를 사용하는 화자들은 대명사와 정관사를 다양한 방법으로 발음한다. 가령, il 'he'과 elle 'she'과 같은 인칭 대명사와 les와 la와 같은 정관사의 /l/음은 발음되기도 하고, 때로는 탈락시켜 발음하지 않기도 한다.

Sankoff & Cedergren(1971)은 /l/음의 발음 유무와 화자의 직종은 직접적인 연관 관계가 있다고 가정하여, 전문직과 근로자 집단으로 나누어서 /l/음 발화 여부를 분석하였다. 그 결과, 근로자 집단은 전문직 집단보다 인칭 대명사와 정관사의 /l/음을 빈번하게 탈락시켜서 발음한다는 것을 발견하였다. 이러한 연구결과는 음 탈락 현상과 화자의 직종은 유의미한 관계에 있음을 보여주는 예이다.

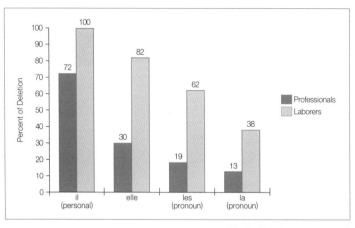

(Sankoff & Cedergren 1971)

[도표 3-28] Montreal 불어의 화자 직종에 따른 /l/음-탈락율[21]

3.4.1.5 스페인어의 정지 앞 /s/음 삭제

아르헨티나 스페인어 화자들은 정지pause 앞에 있는 /s/음을 탈락시켜 발음하는 경향이 있다. Terrell(1981)은 화자의 직업을 여섯 집단으로 나누어, 직업군의 등급이 /s/음 탈락에 영향을 끼치는 요소인지 분석하였다. 그 결과, 가장 높은 직업군 집단에서는 /s/음 달락율이 낮았으나, 가장 낮은 부류 집단에서는 높은 탈락율을 보였다.

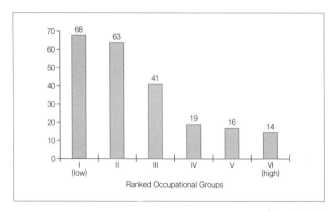

(Terrell 1981)

[도표 3-29] 스페인어 화자의 직업군에 따른 정지 앞 /s/음 탈락율[22]

3.4.2 사회 방언 : 어휘

특정 사회 계층에 속한 화자들은 자신이 속한 집단이 다른 집단과 다름을
나타내기 위해 발음 뿐 아니라 변별적 어휘도 사용한다. 특히 영국 영어에는
사회 계층 간 차이를 나타내는 동일한 의미 또는 대상을 언급하는 변별적 어
휘 또는 구를 사용한다. 이러한 계층에 따른 변별적인 어휘 사용은 화자가
속한 사회 계층을 나타내는 지표가 된다. 다음은 상류층upper class과 비상류
층non-upper class 집단에서 사용하는 변별적 어휘의 예이다.

[표 3-4] 사회계층에 따른 영국 영어 어휘 사용

상류층 화자	비 상류층 화자
sitting room	lounge
lavatory	toilet
sofa	settee
have a bath	take a bath
supper	dinner
riding	horse riding
sick	ill
knave	jack
mad	mental
looking-glass	mirror
writing-paper	note paper
jam	preserve
wireless	radio
table-napkin	serviette
lavatory-paper	toilet-paper
rich	wealthy
vegetables	greens
pudding	sweet
telegram	wire
England	Britain
Scotch	Scottish

(Crystal 1987:39)

3.4.3 사회 방언 : 문법

사회 계층 간 차이는 발음과 어휘 이외에도, 문장 사용에서도 나타난다. 가령 영어 화자인 경우, 하류층 집단은 중상류층 화자에 비해 비문법적인 문장ungrammatical sentence을 더 많이 사용하는 경향을 보인다.

[표 3-5]는 미국 영어의 중상류층과 하류층 집단이 사용하는 문법 오류의 특징을 나타낸 예이다.

[표 3-5] 사회 계층에 따른 문장의 문법 오류 특징

형태	중상류층	하류층
과거시제	I finished that book four days ago.	I finish that book four days ago.
현재시제	Angela walks to school everyday.	Angela walk to school everyday.
부정어	Nobody wants anything.	Nobody don't want nothing.
Ain't 형	Brian isn't stupid.	Brain ain't stupid.

중상류층 집단은 하류층 화자에 비해 문법적으로 맞는 정문grammatical sentence을 사용한다. 예를 들면, 현재 시제와 과거 시제 문장인 경우, 중상류층은 문법에 맞는 문장을 사용하나, 하류층은 현재형과 과거형 문장에 시제를 나타내기 위해 접미사 's나 'ed'를 사용하는 대신에 동사 원형을 사용한다. 부정문인 경우, 하류층 화자들은 일반 동사와 be-동사가 있는 문장을 부정형으로 만드는 경우 'doesn't'나 'isn't'가 아닌 'don't'나 'ain't'를 사용하여 비문법적인 문장을 만든다.

다음은 영국 Norwich와 미국 Detroit 화자들이 발화한 3인칭 현재시제가 포함된 문장에서 's'음을 발음하지 않은 빈도율을 사회 · 경제적 수준별로 분석한 그래프이다. 현재시제 's'의 탈락 빈도율은 미국, 영국 영어 화자 집단의 사회 · 경제적 수준이 낮을수록 더 높게 나타남을 볼 수 있다.

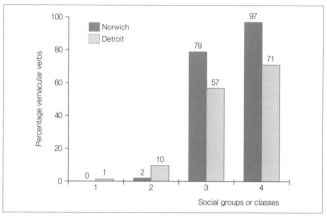

*1은 가장 높은 사회 경제 집단을 나타내며, 4는 가장 낮은 집단을 나타낸다.

(Holmes 2013:152)

[도표 3-30] 미국 Detroit와 영국 Norwich 화자의 사회 · 경제적 수준에 따른 3인칭
현재시제 '-s'음 탈락 발화 빈도율

3.5 사회 계층 분화

사회 구성원은 종교, 교육 수준, 사회 수준, 직업 등과 같은 사회적 요소로
구분되며, 이러한 요소들은 화자의 발음, 어휘, 문법 사용에 영향을 끼친다는
것을 살펴보았다.

사회 계층과 언어 변수 간 나타나는 상관관계는 사회 계층 간 언어 사용의
차이 정도에 따라 사회 계층화를 점진적 또는 급격한 방식으로 나눈다. 사회
계층 간 언어차가 급격한 방식인 큰 폭으로 나타나는 경우는 대폭 계층sharp
stratification이라 한다. 반면에, 두 요소 간 폭의 차이가 점진적인 완만한 경우
는 소폭 계층gradient stratification이라고 한다(Labov 1966).

[도표 3-31]은 문법 사용과 발음 변이 그리고 사회 계층 간 나타난 언어 사
용 차이에 따른 현상을 나타낸 것이다.

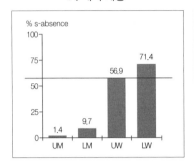
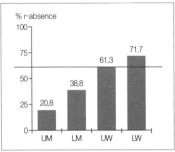

A. 대폭 계층

B. 소폭 계층

(Wolfram 1969: 136)

[도표 3-31] 대폭 계층 vs. 소폭 계층

　　문법 변수인 경우에는 중류 계급(UM과 LM)과 근로자 계급(UW와 LW) 내 하위 두 집단 간 차이는 적으나, 중류 계급과 근로자 계급 간 차이는 매우 큰 대폭 계층 현상을 보인다([도표 3-31A]). 하지만 발음 변수인 경우는 동일 계급 내하위 두 계급 간 차이와 집단 간 차이는 적게 나타나는 소폭 계층 현상을 보인다.

3.6 사회 방언 : 인종 변이

　　특정 인종 집단에 의해 형성된 언어 변이를 인종 방언ethnic dialect이라고 한다. 일반적으로 동일 인종 화자들이 다른 인종과 구별되는 방언을 사용하는이유는 자신들이 속한 공동체 내에서의 동질감과 결속력을 나타내며, 다른 인종들과는 정체성이 다름을 나타내기 위한 수단이라고 본다.

　　미국은 다양한 인종이 모여 사는 사회이므로, 각기 다른 인종이 사용하는사회 방언이 많이 생겨났다. 미국 인종 변이를 나타내는 사회 방언의 예로는흑인 영어, 멕시코 영어, 인디언 언어, 한국식 영어 등이 이에 포함된다. 이 책에서는 여러 인종 변이들 중, 흑인 영어African American Vernacular English와 멕시코 영어Chicano English의 음운과 문법 특징에 대해 살펴보기로 한다.

3.6.1 흑인 영어

3.6.1.1 흑인 영어의 음운 특징

흑인 영어는 표준 영어와 비교해서 크게 네 가지 음운 특징에 있어 차이를 나타낸다(Finegan 2004).

(1) 두 개 자음이 나란히 오는 경우, 흑인 영어는 마지막 자음을 탈락시켜 발음하는 경향이 있다.
(2) 폐쇄음stop이 단어 맨 끝에 오는 경우에는 탈락시켜 발음한다.
(3) 흑인 영어에서는 치음interdental을 순치음labiodental으로 발음하기도 한다.
(4) 모음 /æ/는 /ɑ/로 후설음화하여 발음하기도 하고, 또한 두 자음 위치를 바꾸어 발음하기도 한다. 예를 들면, 단어 'ask'는 표준 영어에서는 [æsk]로 발음하나, 흑인 영어에서는 두 자음의 위치를 바꾸어 발음한다.

다음은 표준 영어와 흑인 영어 간 발음 차이를 나타낸 예이다(Finegan 2004:386).

[표 3-6] 표준 영어와 흑인 영어의 음운 특징23

음운현상	표준 영어	흑인 영어
(1) 자음군 단순화 현상	desk[dɛsk] pass[pæst] wild[wajld] ask them [æsk ðəm] told[told]	desk[dɛs] pass[pæs] wild[wajl] ask them [æsðəm] told[tol]

(2) 종성 폐쇄 자음 삭제	side[saɪd] rapid[ræpɪd]	side[saɪ] rapid[ræpɪ]
(3) 치음을 순치음 으로 대치	both[boθ] with[wɪθ] smooth[smuð] bathe[beð] brother[brʌðə] mother[mʌðə]	both[bof] with[wɪf] smooth[smuv] bathe[bev] brother[brʌvə] mother[mʌvə]
(4) Aunt와 ask	aunt[ænt] ask[æsk]	aunt[ɑnt] ask[æks]

(Finegan 2004:386)

3.6.1.2 흑인 영어의 문법 특징

Finegan(2004)은 표준 영어와 흑인 영어의 문법 특징에 대해 다음과 같이 설명하였다.

(1) 흑인 영어는 현재시제 문장에서 be-동사 축약이 가능한 곳에서는 생략한다.

(2) 흑인 영어에서는 반복적이고 습관적인 행동을 표현하기 위해 'be'를 사용한다. 이 경우에, 'be'의 변이형은 'bees'이다.

(3) 표준 영어 'there is'가 사용되는 곳에서, 흑인 영어에서는 대신에 'it is'를 사용한다.

(4) 이중 부정형의 사용이다. 예를 들면, '나는 어떠한 것도 가지고 있지 않다'라는 문장을 표준 영어에서는 'I don't have anything'라고 표현하나, 흑인 영어에서는 'anything'대신 'nothing'을 사용하여 부정문을 만들 때 이중으로 만든다.

[표 3-7]은 표준 영어와 흑인 영어의 문법 특징을 요약한 것이다.

[표 3-7] 표준 영어와 흑인 영어의 문법 특징

	표준 영어	흑인 영어
(1) be-동사 생략	1. That's my bike. 2. The coffee's cold. 3. The coffee's (always) cold there.	That my bike. The coffee cold. The coffee be cold there.
(2) 반복적, 습관적 be 사용	1. Do they play all day? 2. Yeah, the boys do mess around a lot. 3. I see her when I'm on my way to school.	Do they be playing all day? Yeah, the boys do be messin'around a lot. I see her when I bees on my way to school.
(3) 존재 it	1. Is there a Miss Jones in this office? 2. She's been a wonderful wife and there's nothing too good for her.	Is it a Miss Jones in this office? She's been a wonderful wife and it's nothin'too good for her.
(4) 이중 또는 다중 부정	1. Nobody ever helps me do my work. 2. He *never* goes anywhere.	*Don't nobody never* help me do my work. He *don't never* go *nowhere*.

(Finegan 2004:387)

3.6.2 멕시코 영어

미국에 거주하는 스페인어의 사용자 수는 다른 인종에 비해 압도적으로 많다. 이 중에서 가장 잘 알려진 미국 영어 변이인 멕시코 영어Chicano English 는 미국의 주요 도시들과 남서부 교외 지역에 거주하고 있는 많은 멕시코 후 손들에 의해 사용되고 있다.

3.6.2.1 멕시코 영어의 음운 특징

표준 영어와 다른 특징을 지닌 멕시코 영어의 음운 특징에 대해 살펴보기 로 한다. 다음은 Finegan(2004)이 기술한 멕시코 영어의 대표적인 음운 특징 이다.

(1) 멕시코 영어에 관해 가장 잘 알려진 음운 특징 중 한 가지는 표준 영어의 [ʃ]음을 [ʧ]로 발음하는 것이다. 이는 매우 변별적인 특징으로 멕시코 영어에 대해 잘 표현하는 예로 널리 알려져 있다.

(2) 멕시코 영어의 음운 특징은 단어 말word-final 위치에 오는 /z/음은 무성음화되어 /s/로 발음된다.

(3) 표준 영어에서의 마찰음 [θ] 또는 [ð]는 멕시코 영어에서 폐쇄음으로 대치되어 [t] 또는 [d]로 발음된다.

(4) 단어 끝에 나타나는 'ing'은 표준 영어에서는 [ŋ]으로 발음되나, 멕시코 영어에서는 끝에 [g]를 덧붙여서 [ŋg]로 발음한다.

다음은 표준 영어와 멕시코 영어의 음운 특징을 요약한 것이다.

[표 3-8] 표준 영어와 멕시코 영어의 음운 특징

음운현상	표준 영어	멕시코 영어
(1) [ʃ]을 [ʧ]로 발음	she[ʃi] shoes[ʃi] especially[ɛspɛʃəli]	she[ʧi] shoes[ʧi] especially[ɛspɛʧəli]
(2) 자음군 단순화 현상	it's → ɪs kind → kin old → ole best → bes	
(3) 단어말 위치에서 /z/음 무성음화	goes[goʊz]	goes[goʊs]
(4) 마찰음이 폐쇄음으로 발음	thick[θɪk] then[ðɛn]	thick[thɪk] then[dɛn]
(5) -ing 발음	sing[sɪn] long[lɔn]	sing[sɪng] long[lɔng]

(Finegan 2004:388)

3.6.2.2 멕시코 영어의 문법 특징

Finegan(2004)은 멕시코 영어의 문법적 특징을 세 가지로 기술하였다.

(1) 치경음 /t/, /d/, 또는 /n/으로 끝나는 동사인 경우, 과거-시제 표지past
tense marker는 종종 생략하는 경향이 있다.

(2) 특정 전치사를 사용하는데 있어 차이를 보인다. 예를 들면, 표준 영어
로 "They party to get away from their problems."라는 문장은 멕시코
영어에서는 'away' 대신 'out'을 사용하여 "They party to get out from
their problems"로 구사한다.

(3) 부정문을 만들 때 이중 또는 다중 부정을 사용한다는 것이다. 예를 들
면, 문장 "You don't owe me nothing."처럼, 'don't'와 'nothing'을 한 문
장 내에 함께 사용하여 이중 부정 구문을 만든다.

[표 3-9] 표준 영어와 멕시코 영어의 문법 특징

	표준 영어	멕시코 영어
(1) 과거 시제 표지 삭제	wanted → wan waited → wait	
(2) 특정 전치사 사용	away from → out from	
(3) 이중 또는 다중 부정	You don't owe me nothing.	

(Finegan 2004:389)

미국 영어American English와 영국 영어British English는 하나의 언어 '영어'에 속하는 변이형이다. Strevens(1972)은 표준 영어의 변종에 대해 다음과 같이 기술하였다.

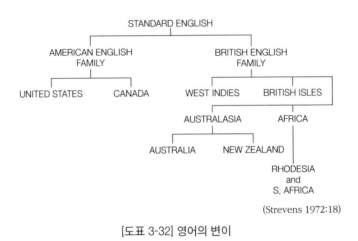

(Strevens 1972:18)

[도표 3-32] 영어의 변이

이 책에서는 영어 변이 중에서, 미국 영어와 영국 영어의 언어 사용 차이에 대해 살펴보기로 한다.

3.7.1 어휘

미국 영어와 영국 영어는 어휘와 철자 사용에 있어 차이를 나타낸다. [표 3-10]과 [표 3-11]은 미국 영어와 영국 영어의 어휘와 철자 사용의 차이를 보여주는 예이다.

[표 3-10] 미국 영어와 영국 영어 어휘 차이

미국 영어	영국 영어	미국 영어	영국 영어
elevator	lift	first floor	ground floor
TV	telly	closet	cupboard
hood (of a car)	bonnet	trunk (of a car)	boot
cookies	biscuits	dessert	pudding
gas/gasoline	petrol	truck	lorry
can	tin	intermission	interval
check	bill	exit	way out
diaper	nappy	freeway	motorway
zucchini	courgette	eggplant	aubergine

[표 3-11] 미국 영어와 영국 영어 철자

미국 영어	영국 영어	미국 영어	영국 영어
honor, favor	honour, favour	check	cheque
license	licence	curb	kerb
meter	metre	color	colour
neighbor	neighbour	ton	tonne
program	programme	defense	defence
realize	realise	fiber	fibre
spelled	spelt	liter	litre
tire	tyre	practise	practice

3.7.2 발음

영국 영어와 미국 영어 간 두드러진 발음 차이는 모음 뒤에 오는 /r/음 발음이다. 일반적으로 영국 영어에서는 종성 /r/음은 탈락시켜 발음하나, 미국 영어에서는 /r/음을 발음하는 경향이 강하다. 또한 모음 음질vowel quality에 있어서도 두 변이 간 차이를 나타낸다. 다음은 미국 영어와 영국 영어의 발음 차이를 보여주는 예이다.

[표 3-12] 미국 영어와 영국 영어 발음

단어	미국식 영어	영국식 영어
car	/kɑːr/	/kɑː/
home	/hoʊm/	/həʊm/
class	/klæs/	/klɑːs/
stop	/stɑːp/	/stɒp/

3.7.3 문법

미국 영어와 영국 영어는 발음, 어휘, 철자 이외에도, 통사 구조에서도 차이를 나타낸다. [표 3-13]은 미국 영어와 영국 영어의 문법 구조와 표현에 있어 차이를 나타낸 예이다.

[표 3-13] 미국 영어와 영국 영어 문장 구조

미국 영어	영국 영어
Do you have a book?	Have you got a book?
He has gotten used to that.	He has got used to that.
She dove into the sea.	She dived into the sea.
Did you eat?	Have you eaten?
in the hospital	in hospital
to the university	to university
the next day	next day

영국 영어에서는 단순 현재와 과거형 문장을 현재 완료를 사용하며, 시간과 공간에서 위치를 나타내는 몇몇 명사구에서는 관사를 사용하지 않는다.

❶ 다음은 한국어의 6대 방언, 즉, 동북방언, 서북방언, 중부방언, 동남방언, 서남방언, 제주방언을 나타내는 방언 지도[24]이다. 각 방언의 어휘, 발음, 문법적 특징에 대해 설명하시오.

방언	어휘	음운/발음	통사/문법
동북 방언			
서북 방언			
중부 방언			
동남 방언			
서남 방언			
제주 방언			

❷ 다음은 경상북도와 경상남도 지도[25]이다. 각 방언 내 지역별로 나타나는 어휘, 발음, 문법 특징에 대해 기술하고, 등어선을 이용하여 구획을 나누시오.

〈경상북도〉

어휘	
음운/ 발음	
통사/ 문법	

<음운/발음>

〈경상남도〉

어휘	
음운/ 발음	
통사/ 문법	

❸ 제주도 사람들이 사용하는 말을 '제주 방언' 또는 '제주 사투리'라고 한다. 다른 방언들과는 달리, 제주 방언은 한국어 화자들이 이해하기 어려운 방언으로 생각한다. 방언과 언어를 구분하는 기준 가운데 상호 이해도와 문화적 요소의 개념을 이용하여 제주 방언을 한국어의 방언으로 분류해야 하는지 또는 표준 한국어와는 다른 별개의 언어로 취급해야 하는지에 대해 논의해 보시오.

Notes:

[1] "A dialect is a variety of English which is associated with a particular region and/or social class. To state the obvious, speakers from different geographical regions speak English rather differently: hence we refer to 'Geordie'(Newcastle English), 'New York English' or 'Cornish English.' In addition to geographical variation, the social background of a speaker will also influence the variety of English that person speaks: two children may grow up in the same Yorkshire village, but if one is born into a wealthy family and attends an expensive private school, while the other is born into a less well-off family and attends the local state school, the two are likely to end up speaking rather different varieties of English. It is this combination of regional and social variation that I refer to collectively as 'dialect' …"(Hodson 2014)

[2] Kleinman, A. 2013. These dialect maps showing the variety of American English have set the internet on fire. Retrieved from https://www. huffingtonpost.com/2013/06/06/dialect-maps_n_3395819.html

[3] Kleinman, A. 2013. These dialect maps showing the variety of American English have set the internet on fire. Retrieved from https://www. huffingtonpost.com/2013/06/06/dialect-maps_n_3395819.html

[4] The merger of /o/ and /oh/. Retrieved from http://www.ling.u penn.edu/ phono_atlas/maps/Map1.html

[5] U. S. Map of Varying Pronunciations. Retrieved fromhttps:// thesandtrap. com/ forums/topic/69254-us-maps-of-varying-pronunciations/

[6] Hamblin, J. 2013. Pecan, Caramel, Crawfish: Food Dialect Maps. Retrieved from https://www.theatlantic.com/health/archive/2013/06/pecan-caramel-crawfish-food -dialect-maps/276603/

[7] This term is used by linguists as a label for an intermediate variety between the most localised form of London speech(Cockney) and a standard form of pronunciation in the Greater London area (Ramisch 2010:176).

[8] Satran, J. 2015. Retrieved from https://www.huffingtonpost.com/ 2015/01/14/ history-of-water-fountains_n_6357064.html

[9] Lynch, E. E. W. 2013. Soda, Pop, or Coke: Maps of Regional Dialect Variation in the United States. Retrieved from https:// laughingsquid. com/soda-pop-or-coke-maps-of-regional-dialect-variation-in-the -united-states

[10] What do you call the night before Halloween? Retrieved from https://

www. damnarbor. com/2013/10/what-do-you-call-night-before-halloween. html

[11] Gardner, J. 2013. Y'all, you all, or you guys? Dialect maps showcase America's many linguistic divides. Retrieved from http://www. dailymail. co. uk/news/article-2336660/Yall-you-guys-Dialect-maps-showcaseAmericas-linguistic-divides. html

[12] These 9 Maps Reveal the Differences in Regional American Dialects. Retrieved from https://www. somethingawful. com/news/dialect-map-racist/1/

[13] Retrieved from http://classicwoodworks. us/printable-map-of-usa/printable-map-of-usa-dialect-map-usa-printable-map-hd-650-x-509-with-pixels/

[14] 도표 출처: Finegan(2004:373)

[15] Retrieved from https://www. reddit. com/r/MapPorn/comments/ 6zccjm/what_do_you_call_a_ small_piece_of_wood_under_the/

[16] An isogloss is a geographical boundary line marking the area in which a distinctive linguistic feature commonly occurs. Adjective: isoglossal or isoglossic. Also known as heterogloss. From the Greek, "similar" or "equal" + "tongue". Pronounced I-se-glos. This linguistic feature may be phonological(e.g., the pronunciation of a vowel), lexical(the use of a word), or some other aspect of language. Major divisions between dialects are marked by bundles of isoglosses. (Retrieved from https://www. thoughtco. com/isogloss-\linguistics-term-1691085)

[17] "In contrast to a regional dialect, a social dialect is a variety of a language spoken by a particular group based on social characteristics other than geography."(Siegel, J.. 2010)

[18] 표 출처: Finegan(2004:391)

[19] 표 출처: Finegan(2004:392)

[20] 'h-instability' 또는 'h-variable'라고도 한다.

[21] 표 출처: Finegan(2004:396)

[22] 표 출처: Finegan(2004:397)

[23] Finegan(2004:386-387)의 내용 요약.

[24] 이미지 출처: www. naver. com

[25] 이미지 출처: www. naver. com

제 4 장

언어 변이 : 성별

1960대 후반 페미니즘feminism이 시작된 이래로 성별과 관련된 연구가 거의 모든 학문 분야에 영향을 끼치고 있다(Flotow 2004:1). 페미니스트들은 남성이 여성보다 더 우월하다는 생각을 지닌 가부장적인 체계 속에서 여성을 억압한다고 인식하였고, 이러한 남성과 여성 간 힘power의 차이가 언어 사용에도 반영되었다고 보았다. 이러한 관점에서 성별에 따른 언어 사용의 차이에 대한 연구가 학문 영역의 한 분야를 차지하고 있다. 성별에 따른 언어에 대한 연구는 남성과 여성 언어에 나타난 특징을 관찰하며, 언어 사용에 있어 성별 간 차이를 낳게 한 원인을 규명하려는 시도가 핵심을 이루고 있다.

이에 대한 해답을 구하기 위하여, 인류학, 방언학, 담화 분석, 사회언어학, 심리학, 사회 심리학 등 다방면에서 언어 연구가 이루어지고 있다. 사회언어학적 관점에서의 언어 연구는 화자의 사회 계층, 교육 수준, 연령, 직업, 성별과 자신이 성장하고 활동한 장소 등과 같은 사회적 요인들이 사람들의 말하는 방식에 영향을 끼친다고 주장하였다. 이 중에서, Vandeputte(2016)는 언어 사용에 있어 가장 커다란 영향력을 끼치는 요인은 성별이라고 기술하였다.

> Sociolinguists discovered that there are a number of factors that
> influence the way in which one speaks. It depends on what social
> class one belongs to, the eduction one received, the neighbourhood
> a person grew up in, his or her age and occupation, etc. All of these
> factors influence our speech, and as a result, it can be found that two
> neighbours will not speak the exact same language. One of those
> factors, and perhaps the most influential one when talking about
> language variety, is gender. (Vandeputte 2016:6)

언어 사용에 있어 성별과 관련된 언어는 '변이'를 뜻하는 접미사 '-lect'를 붙여서 성별 방언genderlect[1]이라고 부른다. 일반적으로 성별과 관련된 언어 연구는 남성과 여성이 사용하는 언어는 차이가 있다는 점을 전제로 하여, 성별 간 언어 특징을 관찰한다. 이러한 성별 간 나타난 언어 특징의 차이를 관찰한 다음, 언어 사용에 있어 남녀 간 차이를 나타내는 원인에 대해 규명하려고 시도한다. 언어 사용에 있어 성별 간 차이를 나타내는 원인을 Jinyu(2014)는 두 가지 관점으로 해석하였다.

첫째, 남성과 여성은 자신이 속한 사회 내에서 성별 역할gender role에 있어 차이가 있으며, 이러한 성별에 따른 역할 차이가 언어에 반영된 결과라고 해석하는 관점이다.

둘째, 남성이 여성보다 더 우월한 위치에 있다고 보는 전통적인 가부장적 사회 체계가 성별 간 언어 사용의 차이를 낳게 한다는 관점이다. 이에 대해, Eckert & McConnell-Ginet(2003) 또한 전통적인 가부장적 사회 속에서 남성은 여성보다 더 높은 사회적 지위에 있고, 이런 사회적 지위에서의 차이가 대화 중에도 권위와 우월성으로 연결되어 실제 대화에 그대로 반영된다고 해석하였다.

> Different gender and age will cause the diversity of languages, there are two aspects of reasons: first, when the traditional social status is different, their mental state will be different; second, men and women play different roles in society, their participation in social activities and the scope of there activities in society also have great differences, and all these factors resulted in the variation of their language (Jinyu 2014:93).

이러한 성별 간 언어 사용의 차이는 단순히 성별에 따른 차이에 의해서만 나타나는 언어 현상이 아닌, 사회 현상과 결부시켜 설명하기도 한다. 성별 간 나타나는 언어 사용의 차이는 다양한 관점으로 해석 가능하기 때문에, 여성학을 포함한 다른 학문 분야 뿐 아니라 사회언어학에서도 주된 연구 주제가 되고 있다.[2]

또한, 과거와 비교해 보았을 때, 여성의 사회적 역할 비중이 점점 커지고 있는 현대 사회에서 사용되는 성별에 따른 언어 차이는 연구할 만한 가치가 있다.

4.1 성과 성별

성별에 따른 언어 특징에 대해 살펴보기 전에, 용어 '성sex'과 '성별gender'에 대해 살펴보기로 한다. 일반적으로 '성'은 사람을 문화적 차이가 아닌 단지 생물학적 차이를 나타내는 '남자male' 또는 '여자female'로 이분한다.[3] 반면에 '성별'은 생물학적 분류 기준이 아닌 사회·문화적 환경에서의 성 역할gender role에 의해 묘사되는 '남성man'또는 '여성woman'으로 구분한다.[4] Baxter(2010)과 Eckert & McConnell-Ginet(2003)은 '성별'과 '성'에 대해 다음과 같이 설명하였다.

> Gender is not something people are born with, but something they acquire and perform, while sex is "a biological categorization based on reproductive potential." (McConnel-Ginet 2003:10).

> Sex is "a well recognized sociolinguistic and grammatical term that is used to refer to the categories denoted by biological characteristics, such as the 'male sex'or the 'female sex'". Gender, in contrast, tends to: Imply a socio-cultural construct, gender usually refers to cultural constructions of what it means to be a sexed individual in the 21st century western world. When we discus 'femininity' or 'feminine' styles of speech, we are therefore referring not to innate characteristics of being female, but the cultural associations with being a woman, which of course vary from one culture to another, one historical period to another(Baxter 2010:14).

이 책에서는 생물학적 차이에 기초를 둔 개념이 아닌, 사회·문화 내에서의 성 역할에 따른 이분학적 분류에 기초를 둔 '남성'과 '여성'이 사용하는 언어 특징에 대해 기술하고자 한다.

사회언어학자들은 성별 간 언어 사용의 차이에 대해 사회에서 여성을 바라보는 관점을 반영한 두 가지 접근 방법인 지배 이론dominance theory과 차이 이론difference theory으로 설명하였다. 언어의 지배 이론은 전통적인 사회에서 남성의 지배적인 역할과 여성의 순종적인 역할이 언어에 반영된 결과로 해석한다. 반면에, 차이 이론은 남성과 여성은 서로 다른 문화를 가지고 있고, 이러한 각기 다른 문화에 속한 결과가 남녀 간 언어 사용에 영향을 끼쳤다고 보는 관점이다. 또한 차이 이론에서는 성별에 따라 사회를 바라보는 관점이 다르다고 본다. 즉, 남성은 사회를 위계적이며 독립된 공간으로 보지만, 여성은 결속과 친밀감을 형성하는 공간으로 생각한다는 점에서 남성과 여성은 서로 다른 문화에 속해 있다고 본다.

4.2.1 지배이론

1970년대에 이르러 여성학자들은 성별에 따라 사용하는 언어 코드 language code[5]가 다르다고 보고, 성별 간 나타나는 언어 사용에 대해 연구하기 시작하였다. Lakoff(1975)는 저서 『*Language and Woman's Place*』에서 언어와 성별 간 관계에 대해 논하였다. 특히 "여성이 남성보다 한정된 어휘를 더 많이 사용하는가?", "여성이 형용사를 더 많이 사용하는가?", "여성은 남성보다 불완전한 문장을 더 많이 사용하는가?, "여성이 남성보다 추상적 artificial 단어를 더 많이 사용하는가?" 등과 같은 질문을 제기하면서 여성 언어의 특징에 대해 연구하였다. Lakoff(1975:45-49)는 남성과 여성 발화 특징을 비교 · 분석하였고, 특히 여성 발화 특징에 대해 다음과 같이 기술하였다.

(1) 얼버무림 말lexical hedges 또는 불필요한 말fillers을 많이 사용한다.

you know, sort of, well, you see

(2) 부가의문문tag question을 자주 사용한다.

　　she's very nice, isn't she?

(3) 평서문 끝을 올리면서 평서문을 의문문으로 표현한다.

　　it's really good?

(4) '무의미한' 형용사empty adjectives를 많이 사용한다.

　　divine, lovely, adorable, charming, sweet

(5) 정교한 색채 용어를 사용한다.

　　magenta, aquamarine

(6) 뜻을 강화하는 형용사나 부사인 강의어intensifier를 많이 사용한다.

　　I like him *so much.*

(7) 품위있는 문법hypercorrect grammar을 지닌 문장을 구사한다.

　　표준 동사형을 지닌 문장을 사용한다.

(8) 공손한 형태superpolite forms인 문장을 사용한다.

　　간접 요청, 완곡표현

(9) 강한 욕설의 사용을 피한다.

　　fudge, my goodness

(10) 강한 어조로 말한다.

　　it was a *BRILLIANT* performance.

(Holmes 2001:286 인용)

　Lakoff(1975)는 성별 간 언어사용에서 차이를 나타내는 것은 남성 지배 사회에서 여성의 무기력함과 불확실성이 여성 언어에 반영된 결과라고 지배 이론의 관점에서 설명하였다.[6]

　여성이 사용하는 무기력한 언어 특징은 한 사회에서 종속적 지위를 유지하도록 한다; 반대로 남성의 지배성은 자신의 언어 행동을 통해 보존된다.

Powerless speech features used by women help contribute to maintaining a subordinate position in society; while conversely, men's dominance is preserved through their linguistic behavior."

Holmes(2001)는 Lakoff(1975)가 기술한 여성 언어 특징을 "여성 자신의 자신감이 결여된 언어 표현"이라고 설명하였다.[7] 가령, 여성이 사용하는 '얼버무림 말'은 화자 자신의 비우호적이고 직설적인 표현은 피하면서, 불확실성과 공손함을 나타내기 위해 사용한다고 해석하였다. 특히, House & Kasper(1981)는 '얼버무림 말'을 '공손politeness' 전략과 결부시켜 설명하였다. House & Kasper(1981)는 여성이 얼버무림 말을 사용하는 이유에 대해 대화에서 공손함을 나타내는 '약화downgrader' 유형의 표지라고 해석하였다.

또한 Brown & Levinson(1978)은 "위협적인 상황face-threatening acts"에서 가능한 의견 충돌이 일어나는 상황을 피하기 위한 공손함의 전략으로 '얼버무림 말'을 사용한다고 설명하였다.

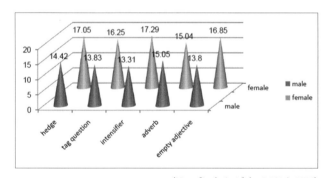

(Hanafiyeh & Afghari 2014: 1175)

[도표 4-1] 성별에 따른 언어 발화 특징 분석

Hanafiyeh & Afghari(2014)는 120명의 이란 남녀 화자가 발화한 문장을 분석하여 얼버무림 말, 부가 의문문, 강의어, 부사, 무의미한 형용사와 같은 언어 특징과 성별 간 상관관계에 대해 연구하였다. 그 결과, 부사를 제외한 얼버무림 말, 부가 의문문, 강의어와 무의미한 형용사 등과 같은 네 가지 언어 특징들에서 여성이 남성보다 발화 빈도가 더 높게 나타났다고 보고하였다. 이와 같은 연구결과는 언어 사용에 있어 성별에 따른 차이를 나타내며, 또한 지배 이론을 뒷받침한다고 볼 수 있다.

Holmes(1987)는 실제 녹음한 대화 내용을 분석하여 'you know' 용법이 성별에 따른 차이를 나타내는지 살펴보았다. Holmes (1987)는 자신의 대화 분석 연구를 통해 얼버무림 말 'you know'는 한 가지 기능이 아닌, 여러 가지 기능 multifunctional을 가지고 있으며, 이러한 얼버무림 말은 성별 간 차이가 있다고 주장하였다. 즉, 'you know'는 불확실성의 표현만이 아닌 자신감을 표현하는 수단으로도 사용한다고 보았다. 다음 예는 'you know'가 화자의 자신감 또는 확신을 나타내는 곳에서 사용된 문장이다.

and that way we'd get rid of exploitation of man by man all that stuff/*you know*/ you've heard it before.
[radio interviewee describing past experience](Coates 2016:88)

다음은 'you know'가 자신감의 결여 또는 불확실성을 표현하는 예이다.

and it was quite// well it was it was all very embarrassing *you know*
[young woman to close friend](Coates 2016: 89)

Holmes(1987)에 따르면, 'you know'는 사용 빈도에 있어서는 남녀 간 차이를 보이지 않았으나, 용법에 있어서는 성별 간 차이가 있다고 보고하였다. 특히, 자신감의 표현으로의 'you know'는 남성보다는 오히려 여성 화자에게서 사용 빈도가 더 높게 나타났다. 반대로 'you know'가 불확실성을 나타내는 경우에는 남성이 여성보다 더 많이 사용하였다.

[표 4-1] 'you know'의 용법과 성별에 따른 분석

Function of you know	Female	Male
Expressing confidence	56	37(p=0.05)
Expressing uncertainty	33	50
Totals	89	87

(Holmes 1987: 64)

Lakoff(1975)는 여성 언어 특징 중 하나인 '얼버무림 말'을 사용하는 이유에 대해 여성은 자신의 주장을 펼치는 상황에서는 직설적으로 표현하지 못하고, 공손하고 완곡한 문장을 사용하여 자신의 생각을 묘사한다고 설명하였다. 하지만, Holmes(1987)의 연구결과는 'you know'를 단지 하나의 용법이 아니라, 더 세분화해서 관찰해야 한다는 것을 암시해 준다. 또한, '얼버무림 말'을 단지 성별 간 차이가 아닌, 용법에 따른 성별 간 빈도 분석을 했다는 점은 주목할 만하다.

Irwin(2002)은 얼버무림 말 'like'에 대해 분석하였다. Irwin (2002:171)은 '자신에 대한 긍정적 평가 또는 타인에 대한 부정적 평가로 간주될 수 있는 발화의 힘force of utterances에서 조금 거리를 두기 위한 장치'로서 얼버무림 말 'like'를 사용한다고 설명하였다.

다음은 Anna가 직설적으로 자랑하는 것을 회피하기 위한 용법으로 'like'를 사용한 예이다.

[*Context: Anna, Cassie, Emma and Jill talking during a break at their drama group*]

Anna: Josephine used to come here and I was her *like* really good friends with her she was *like* my best friend. (Coates 2016:89)

앞의 대화에서 안나는 Josephine과는 아주 친한 친구였으며, Josephine은 자신의 단짝 친구였었다는 사실을 얼버무리며 과시하면서 말할 때, 'like'를 사용함을 볼 수 있다.

부정적인 평가에 사용된 'like'는 Cassie가 훨씬 나이가 많은 사람들과 같이 나가는 것은 문제가 있다는 것을 나타내기 위해 'like'와 'kind of' 같은 얼버무림 말을 사용한 예이다.

[Context: Cassie talking to Lana about boyfriends and parents]

Cassie: if it's one of those boys who kind of *like* you meet somewhere and you're *kind* of going out with them and they're *like*(.) they're *like* twenty-one or something(Coates 2016:90)

Cassie는 마지막절에서 'like'를 두 번 반복하였으며, 이러한 반복은 자신이 내린 평가에 대해 조금 거리를 두기 위한 전략으로 사용하였다고 Coates(2016)는 설명하였다.

4.2.2 차이 이론

차이 이론difference 또는 dual-culture theory은 전통적인 가부장적 남성 지배 사회구조에 의해서가 아니라, 남성과 여성은 서로 다른 문화에 속해 있으며, 이러한 성별에 따른 각기 다른 문화가 언어 사용에 영향을 끼친다고 보는 이론이다.[8] Tannen(1990)은 언어 사용에 있어 남녀 간 차이에 대해 다음과 같이 설명하였다.

남성과 여성은 대화하는 방식이 서로 다르며, 이는 어느 것이 옳고 그름의 문제가 아니다; 단지 서로 다를 뿐이다.

Men and women have a different way of making conversation, with neither one being the right one, or superior over the other; they simply are different.

Tannen(1990)은 Lakoff(1975)가 제시한 여성 언어 특징을 발화전략과 결부시켜 성별 간 언어 사용에 대해 다음과 같이 여섯 가지로 나누어 설명하였다.

1. 지위status vs. 지지support

남성은 세상을 지위를 얻기 위해 시도하거나 그것을 유지하기 위한 공간으로 간주하여, 대화가 경쟁적인 세상에서 생활한다. 반면에 여성은 자신의 생각을 확인하거나 자신의 의견을 지지하기 위한 수단으로 대화를 한다. 따라서 여성은 세상을 자신을 지지하고 합의를 이끌어내는 연결망으로 세계를 본다.

2. 독립성independence vs. 친밀감intimacy

여성은 타인과의 친밀감을 유지하기 위해 노력하는 반면, 남성은 자신이 독립적이고 주체적으로 행동하는 경향이 있다. 이러한 사고방식의 차이가 남성과 여성을 같은 상황 속에서도 전혀 다르게 행동하고 말하는 방식에 영향을 끼친다.

3. 충고advice vs. 이해understanding

"많은 남성들에게 해결책을 찾는데 있어 도전적인 상황이 불평complaint"이라고 주장한다.

"어머니가 자신이 몸이 좋지 않다고 아버지에게 말했을 때, 틀림없이 아버지는 어머니를 의사에게 데려간다. 하지만, 어머니는 아버지의 행동에 매우 실망감을 느낀다. 다른 남성들처럼, 그는 그가 할 수 있는 일에 초점을 두지만, 어머니는 자신의 상황에 대해 동정심 또는 공감sympathy을 원한다."(Tannen 1984:180)

4. **정보력**information **vs. 감정**feeling

문화·역사적 관점에서 보면, 여성의 관심사보다 남성의 관심사가 더 중요하다고 보았다. 그러나 오늘날에는 말의 정보력과 간결성은 감정과 설명을 공유하는 것보다 가치가 더 떨어지는 것으로 생각하기 때문에 과거의 말에 대한 관점과는 다르다는 것을 보여준다.

5. **명령**orders **vs. 제안**proposals

여성은 종종 사람들이 "let's~", "why don't we~?" 또는 "wouldn't it be good, if we....?"와 같은 문장을 사용하여 해야 할 일을 간접적으로 제안한다. 그러나 남성은 직접 명령문을 사용하여 상대방에게 해야 할 일을 제안하는 경향이 있다.

6. **충돌**conflict **vs. 타협**compromise

예를 들면, 직장에서 업무 결정을 하는데 있어 충돌과 타협이 이루어지는 상황에서 보통 남성은 업무에 대해 반대 의견을 직설적으로 표현하는 반면, 여성은 결정을 하는데 있어 허락을 하는 것처럼 보이나, 결정에 대해 후에 불평을 한다.

(White 2003:3-4 재인용)

성별에 따른 언어 사용의 차이는 대화체conversational style에서도 나타난다. Tannen(1984)은 대화체를 매우 적극적인 대화체high-involvement style와 매우 사려깊은 대화체high-considerateness style로 나누어, 이러한 대화체의 특징이 성별 간 차이를 나타낸다고 기술하였다.

[표 4-2]에서 기술한 남녀 대화체의 특징 중에서, 여성이 대화 도중에 상대방과 동시에 말을 하는 맞장구backchannel는 자신의 대화 주도권을 확보하기 위한 경쟁적 관계가 아닌 상대방과의 유대감 또는 동질감을 나타냄과 동시

에 상대방의 말을 옹호supportive하는 표현의 수단이라고 Tannen(1984)은 설명하였다. 대화 도중에 'mmm, uh huh, yes, yeah, right'과 같은 맞장구를 사용하는 이유는 상대방의 대화에 관심이 있다는 것을 나타내는 친밀감rapport 표현의 언어적 장치로, 여성이 남성보다 많이 사용한다고 할 수 있다. 따라서 여성의 대화체는 옹호적이며 친밀감을 형성하는 특징을 지니고 있다.[9]

[표 4-2] 성별 간 언어 사용 차이에 의한 대화체 종류[10]

여성 대화체 특징	남성 대화체 특징
침묵하는 시간을 최소화한다.	화자와 화자 간 침묵이 시간이 길다.
발화 속도가 빠르다.	발화 속도가 느리다.
화자들이 동시에 말을 하는 경향이 강하다.	동시에 말을 하는 것을 피한다.
상대방의 대화를 귀 기울여 잘 듣는다는 것을 나타내기 위해 맞장구backchannel[11]를 사용한다.	
말하는 순서를 지켜서 서로 겹치지 않게 대화를 이어나간다.	
⇩ 매우 참여적인 대화특성을 나타냄	⇩ 매우 사려 깊은 특성을 나타냄

(Tannen 1984)

4.3 성별 대화 분석

Tannen(1990)은 남녀 대화의 특징에 대해 논하였고, Tannen의 주장을 바탕으로 민현식(1997)은 남성과 여성 간 언어 사용의 특징에 대해 다음과 같이 기술하였다.

[표 4-3] 성별에 의한 언어 사용의 차이

남성	여성
서열적 경쟁contest 관계 추구	대등적 협력cooperative 관계 추구
대화란 우위에 도달하기 위한 협상	대화란 합일점 도달 위한 협상
자유와 독립성 중시	관계와 친교성 중시
충고나 해결을 좋아한다.	이해나 동정 자체를 좋아한다.
보고식 대화report-talk를 한다.	정감적 대화rapport-talk를 한다.
대화란 정보를 전달하는 것이다.	대화란 상호 확인의 방법이다.
공적 대화에서 다변적talkative man	공적 대화에서 침묵적silent woman
사적 대화에서 침묵적mute man	사적 대화에서 다변적wordy woman
가까운 사이라도 사실만 이야기	가까운 사이는 비밀까지 이야기
가십gossip을 부정적으로 봄.	가십을 우정 강화 요소로 봄.
정보 수집과 전달에 힘쓴다.	정보를 알아도 굳이 내세우지 않는다.
정보 많은 자나 유머 능한 자가 대화를 주도한다.	정보 많아도 남자와의 대화에서는 대화 주도가 어렵다.
상대 이야기에 호응이 적다.	상대 이야기에 호응이 많다.
듣기보다는 정보전달과 의견 제시에 치중한다.	듣기 중심이며 의견 제시보다는 남의 의견 제시를 부추긴다.
제안 시 명령조를 잘 쓴다.	제안 시 권유조를 잘 쓴다.
말message 자체를 중시한다.	말의 속뜻metamessage을 중시한다.
자신을 선하고 유능하게 묘사한다.	자신이 바보같이 한 일을 이야기한다.
주도권 위한 말 가로채기를 한다.	협조적 동시 발화를 좋아한다.
발언권을 독점하려고 한다.	발언권을 고루 나누며 동시 대화한다.
주제 전환이 빠르다.	주제 전환이 느리다.

(민현식 1997)

다음은 성별에 따른 언어 사용 특징에 대해 실제 대화를 분석한 선행연구 결과를 바탕으로 White(2003)의 내용을 요약한 것이다.

첫째, 여성이 남성보다 말을 더하거나 또는 적게 한다.

Cameron & Coates(1985)에 따르면, 사람들이 말하는 양은 말하는 상대가 누구인지 그리고 말하는 상황에 따라 달라진다고 주장하였다. Louann Brizendine(1994)은 여성이 남성보다 3배나 말을 더 많이 한다고 보고하였으나, Drass(1986)는 오히려 남성이 여성보다 더 말을 많이 한다고 주장하면서, 성별과 말하는 양 사이의 상관관계에 대해 엇갈린 연구 결과를 나타내었다.

Holmes(1995)는 2명의 여성과 1명의 남성이 텔레비전 인터뷰를 하는 상황에서 성별 간 대화의 양을 분석한 결과, 남성이 여성보다 훨씬 더 말을 많이 한다는 것을 발견하였다. 이는 말하는 양은 단지 성별에 따른 차이가 아닌 대화가 이루어지는 상황과 대화 주제에 따라 달라질 수 있음을 보여준다.

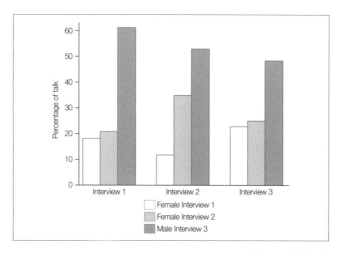

(Holmes 1995:34)

[도표 4-2] 텔레비전 인터뷰 상황에서의 남녀 간 나타난 발화 빈도

둘째, 여성이 남성보다 말하는 순서turn-taking 규칙을 덜 어긴다.

Zimmerman & West(1975)는 남녀가 함께 대화할 때, 남성이 여성보다 말하는 도중에 '끼어들기interruption'를 더 많이 한다고 설명하였다. Zimmerman & West(1975)는 캘리포니아 대학 산타 바바라 캠퍼스에 재학 중인 중류층 백인 남성과 여성이 나눈 대화를 녹음하여 분석한 결과, 31개 대화 분석에서 남성은 대화 도중에 46번 끼어들기를 하였으나, 여성은 단지 두 번만 끼어들었다고 보고하였다. 이는 남성과 여성이 함께 대화를 나눌 때에는 남성이 '끼어들기'를 많이 하면서 여성을 지배하는 경향이 있다고 보았다.

셋째, 여성이 남성보다 표준형을 더 많이 사용한다.

Trudgill(1972)이 영국 영어 화자의 대화를 분석한 연구에서, 여성이 남성보다 표준형을 더 많이 사용함을 발견하였다. Trudgill(1972)은 여성이 남성보다 표준형을 더 자주 사용하는 이유에 대해 다음과 같이 설명하였다. 첫째, 영국과 미국 사회에서 여성의 지위가 남성보다 낮기 때문에, 여성이 표준형 언어를 사용하는 것이 자신의 사회적 지위에 대한 안전을 보장받기 위한 수단이라고 보았다.[12] 둘째, 남성은 자신이 하는 일에 대해 사회적으로 평가를 받지만, 여성은 주로 자신이 남들에게 어떻게 보여지는가에 따라 평가를 받는다고 생각하기 때문에 자신의 사용하는 언어가 중요한 역할을 하다고 여긴다. 또한, Gorden(1997:48)은 여성이 사회적으로 난잡하다는 인식을 피하기 위해 비표준 언어 사용을 기피한다고 설명하였다.

넷째, 남성과 여성은 대화 주제를 선택에 있어 차이를 나타낸다.

남성은 주로 정치, 경제, 주식, 스포츠, 뉴스를 대화 주제로 선택하지만, 여성은 자녀 교육, 옷, 요리 등과 같은 가정과 관련된 주제에 대해 이야기하는 것을 좋아한다. 대화 주제에 있어 남녀 간 차이를 나타내는 것 이외에도, 여성은 남성에 비해 말을 할 때 어조, 표정, 동작 등을 더 많이 사용한다.

성별에 따른 언어 특징[13]

성별에 따른 언어 특징은 어휘, 발음, 문법 등에 있어 차이를 나타낸다.

4.4.1 어휘 특징

영어와 한국어에서 나타난 성별에 따른 어휘 사용 차이에 대해 살펴보기로 한다. 영어의 예는 Lakoff(1975), 한국어의 예는 전혜영(2004) 연구 내용의 일부를 발췌하여 정리하였다.

> 여성과 남성은 자신의 느낌을 표현하는데 있어 동일한 상황에서도 사용하는 어휘가 서로 다르다. 예를 들면, 굉장히 당황스러운 상황에 직면한 경우, 여성은 얼굴 표정이 달라진다든가 또는 그에 맞는 제스처를 사용하면서 '어머, 이게 뭐야'라든가 또는 '어휴, 별꼴이야'와 같이 표현한다. 그러나 남성이 똑같은 상황에 직면하게 된 경우에 여성이 한 말을 그대로 사용을 하면, 그 남성이 사용한 언어가 어딘지 모르게 굉장히 어색하고 이상하게 느껴진다. 이러한 느낌이 드는 이유는 성별에 따라 사용되어질 것으로 예상되는 어휘 또는 문장 표현에 있어 차이를 나타내기 때문이다. 다음은 영어와 한국어의 성별 간 어휘 사용에 있어 차이를 나타내는 예이다.[14]

(1) 여성들은 즐겨 사용하나, 남성이 거의 사용하지 않는 프랑스어에서 차용한 색채 단어인 여성적인 어휘가 있다. 이에 해당되는 영어 단어 예는 mauve 엷은 자줏빛, lavender 라벤더색, aquamarine 남록색, azure 하늘색, magenta 짙은 홍색 등이 있다.

(2) 여성은 "매우 작고, 귀엽다."라는 어감을 지닌 어휘를 사용한다. 영어에는 "bookie, panties, hanky"와 같은 단어들이 있으며, 한국어에

는 일반적으로 지시사의 사용을 통해 '요것, 고것, 조것', '요거, 고거, 조거', '요게, 고게, 조게' 등이 그 예이다.

(3) 여성은 감성을 나타내는 부사를 빈번히 사용한다. 영어 예로는 'awfully, pretty, terribly, vastly, quite, so'와 같은 부사는 여성들이 자주 사용하는 반면, 남성은 'very, utterly, really'와 같은 단어를 사용한다. 한국어 예로는 여성은 '아마, 너무너무, 정말, 사실, 굉장히, 아주, 무지무지, 막, 참' 등의 부사를 남성에 비해 많이 사용한다.

(4) 여성은 화자의 말에 공감을 하고 경청하고 있음을 나타내는 어휘를 많이 사용한다. 한국어 예로는 '그래서? 그런데? 그러게 말야, 그럼, 저런, 쯧쯧, 어쩌나, 참 잘 됐다, 멋지다, 어머나, 정말이야?' 등의 어휘를 사용한다. 영어 예로는 'mmm, uh huh, yes, yeah, right'와 같은 최소한의 반응minimal responses을 남성에 비해 더 많이 사용한다.

(5) 여성은 욕설swear words과 금기어taboos 사용을 피한다. 여성들은 욕설이나 금기어를 사용하는 것이 타인과의 관계가 좋지 않고 교양이 없다는 느낌을 줄 수 있다고 생각한다.

　　일반적으로 영어에서는 여성들이 'damn, fuck you, hell'과 같은 표현을 사용하는 것을 거의 들을 수 없으며, 대신 'oh, dear, my god'과 같은 표현을 더 자주 사용한다. 한국어에서는 남성은 '제기랄, 자식, -새끼, -년' 등을 강도 높게 사용하지만, 여성은 '계집애, (그) 작자, -년' 따위를 쓴다. 성, 생리, 혐오물, 혐오 관련 표현을 남성들은 직설적으로 표현하는 경우가 많으나, 여성은 언어 사용에 있어 예절과 공손함에 더 유의하며 완곡어를 쓰거나 비유하거나 은어화하는 경향을 보인다.

4.4.2 음운 특징

영어 'ing'음은 성별 간 음운 차이를 보여주는 대표적인 예로서, 이와 관련된 연구들이 많이 이루어졌다. 다음은 세 언어 공동체의 화자들이 발화한 'ing'음이 비표준형으로의 실현율을 성별로 분석한 것이다. [표 4-4]에서 볼 수 있듯이, 'ing'의 비표준형 [in]으로의 발화 빈도는 대체로 여성보다는 남성에게서 더 높게 나타났다.[15]

Trudgill은 영국 Norwich주 화자를 대상으로 계층과 성별이 'ing'음 발화에 영향을 끼치는 요소인지 관찰하였다.

[표 4-4] 성별에 따른 '-ing'의 비표준형 [in]으로 발음하는 빈도

연구	장소	남성	여성	남성/여성
Labov (1966)	New York	36	_	31
Shuy et al. (1967)	Detroit	62	21	_
Shopen (1978)	Canberra	24	16	_
Houston (1985), < 35yo	Britain	88	72	_
Houson (1985), > 35yo	Britain	78	76	_
Wald & Shopen (1985)	Canberra	23	24	_

(Campbell-Kibler 2011:35)

[표 4-5]에서 보듯이, 계층에 관계없이 남성이 여성보다 비표준형을 더 많이 사용함을 볼 수 있다. 이러한 성별에 따른 발음 특징은 캐나다 Montreal의 프랑스어 관사와 대명사 'il, la, les' 등에서의 'l' 발음에서도 관찰할 수 있다. /l/음을 구나 문장 내에서 탈락시켜 발음하는 비표준형은 여성보다는 남성 발화에서 더 많이 나타났다(Sankoff & Cedergren 1971; Sankoff 1974).

[표 4-5] 계층과 성별에 따른 영국 Norwich주 화자가 발화한 'ing'의 비표준형 [in]으로의 실현율

성별	중 중류층	하 중류층	상류 근로층	중류 근로층	하류 근로층
남성	4	27	81	91	100
여성	0	3	68	81	97

(Trudgill 1974:94)

[표 4-6] 캐나다 Montreal의 프랑스어에서 계층과 성별에 따른 관사 및 대명사의 'l'의 탈락 빈도

	전문직		근로직	
	여성	남성	여성	남성
la(관사)	3.8	15.7	44.7	49.2
la(대명사)	0.0	28.5	33.3	50.0
les(관사)	5.4	13.1	21.7	34.6
les(대명사)	16.0	25.0	50.0	78.1
il(인칭대명사)	54.0	90.0	100.0	100.0
elle(인칭대명사)	29.8	29.7	74.6	96.4

(Sankoff 1974)

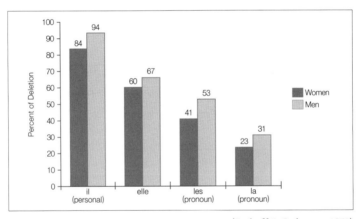

(Sankoff & Cedergren 1971)

[도표 4-3] 캐나다 Montreal의 프랑스어 남성과 여성 발화에서의 /l/-삭제 빈도

[도표 4-4]는 영국 Newcastle-upon-Tyne의 방언 특징 중 하나인 폐쇄음 'p, t, k'중에서, 'p'의 성문음화율percentage glottalized 'p'을 나타낸 것이다.

여기에서 백분율이란 'p'가 들어간 단어들 중에서 'p'가 된소리로 발음한 비율을 나타낸다. 'p'가 된소리로 발음되는 현상은 사회 계층에 상관없이 남성에게서 높이 나타났다. 이는 사회 계층보다는 성별 요인이 'p'의 된소리 발음에 영향을 끼치는 주된 요소임을 알 수 있다.

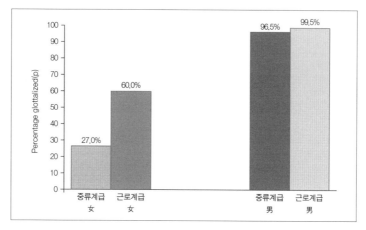

(Milroy 1988: 580; Fasold 1990:101)

[도표 4-4] Newcastle-upon-Tyne에서의 (p)의 성별 및 사회 계급별 성문음화율16

성별에 따른 차이는 음소의 발음 뿐 아니라 억양intonation에서도 관찰된다. Lakoff(1975)는 미국 여성 화자들은 대화중에 자신의 공손함과 협동심을 보여주기 위해서 평서문으로 말할 때 하강 억양이 아닌, 의문문에서 사용하는 상승 억양으로 말한다고 설명하였다. Jiang(2011)은 Lakoff(1975)가 주장한 평서문에 의문문 억양을 사용한 빈도와 성별 간 상관관계가 있는지 관찰하기 위해 IViE 말뭉치17를 분석하였다. [도표 4-5]와 [도표 4-6]는 여성과 남성이 발화한 문장 끝에 나타난 평서문 억양 유형이다.

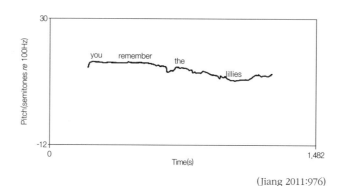

(Jiang 2011:976)

[도표 4-5] 여성 발화에 나타난 평서문 억양 유형

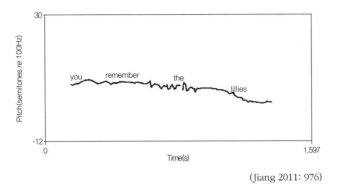

(Jiang 2011: 976)

[도표 4-6] 남성 발화에 나타난 평서문 억양 유형

[도표 4-7]은 각기 다른 성별 화자들이 발화한 평서문 억양 유형을 분석한 결과이다. 여성이 발화한 평서문 억양 유형의 60%가 상승 억양H%을 사용하였으나, 남성 화자의 77%는 하강 억양L%을 사용함을 볼 수 있다. 이러한 억양 기능은 다양한 화용론적 화법을 나타낼 뿐 아니라, 성 정체성gender identity에 대한 다양한 사회적 의미를 표현한다고 해석하였다(Jiang 2011:977).

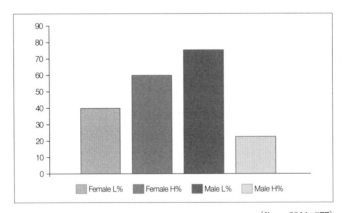

(Jiang 2011: 977)

[도표 4-7] 남성과 여성이 발화한 평서문 억양 유형 분석

다음은 남편과 아내 간 대화 내용 일부이다(Lakoff 1975). 남편은 아내에게

언제 저녁을 먹을 수 있는지 묻고 아내는 평서문으로 남편의 질문에 답을 하지만, 문장 끝을 올려서 답을 하고 있다.

> 남편: When will our dinner be ready?
> 아내: Oh… around 6 o'clock?(↗)

남편의 질문에 대해 답을 알고 있는 사람은 아내뿐이지만, 아내는 상승 어조 high tones로 남편의 질문에 답을 하였다. Lakoff(1975:54)는 여성은 일반적으로 질문에 대한 답을 할 때 하강 억양보다는 상승 억양 패턴을 사용한다고 설명하였다. 이는 그들의 관계가 온화하다는 것을 보여주기도 하고, 때로는 이런 상승 억양의 사용은 자신감의 결여를 나타낸다고 설명하였다. 반대로, 남편은 현재 진행 중인 대화가 잘 이루어진다는 것을 보여주기 위해 하강 어조를 사용하며, 이 때 남성이 사용하는 하강 어조는 자신감과 때로는 힘power을 나타낸다고 해석하였다.

전혜영(2004: 36)은 한국어 남녀 화자 발화에 나타난 음운론적 특징에 대해 다음과 같이 설명하였다.

> (1) 여성은 남성보다 경음을 더 많이 사용한다. 예를 들면, '다른 거'를 '따른 거'로 발음하고, '작다'는 '짝다', '조금'은 '쪼금' 또는 '조끔'으로 발음한다.
> (2) 여성 발화어에는 'ㄹ 첨가' 현상이 많이 나타난다. 예를 들면, '요거로-요걸로', '안 오려다가-안 올래다가', '알아보려고-알아볼라구' 등으로 발음한다.
> (3) 평서문인 경우, 남성의 말은 짧고 급한 하강조로 끝나는 경향이 있고, 여성의 말은 다소 길고 완만하고 부드러운 억양으로 끝나는 경향을 보인다. 의문사가 있는 의문문인 경우, 하강조로 끝나는 것이 전형적인 유형인데, 여성어에서는 끝이 다소 올라가는 느낌을 준다.
> (4) 여성은 남성에 비해 표준음 사용을 지향하며, 이는 자신의 교양 과

시와 신분 상승의 욕구가 반영된 결과라고 본다.

4.4.3 문법 · 화용론적 특징

남성과 여성은 어휘와 음운 뿐 아니라, 문장을 기술할 때 사용하는 문법 구조와 말하기 방식에서도 차이를 보인다. 다음은 영어의 문장 유형과 화용론적 특징에 나타낸 것으로, Xia(2013)의 내용을 요약한 것이다.

첫째, 남성은 여성보다 서술문을 더 선호하여 사용하는 반면, 여성은 남성보다 의문문을 더 많이 사용한다. 여성인 경우, 청자와 좋은 대화를 유지시키는 전략으로 의문문을 사용한다. Lakoff(1975)는 여성은 자신의 생각을 표현하기 위해 의문문을 사용한다고 설명하였다. 가령 '그렇죠?, 안 그래요?, 알았죠? 있지 않나요?'와 같은 부가의문문tag question을 사용함으로써 문장 어조를 이완시켜 줄 수 있는 기능을 가지고 있다고 주장한다. Fishman(1980)은 남성-여성 커플 대화를 녹음 분석한 결과, 여성이 남성보다 부가의문문을 3배나 더 많이 사용했다고 보고하였다.

둘째, 남성이 여성보다 명령문을 더 많이 사용하지만, 여성은 청유하는 문장을 더 선호한다. 미국 Philadelphia에 거주하는 남자 어린이와 여자 어린이의 대화를 분석한 결과, 남자 어린이는 여자 어린이보다 명령문 문장을 더 많이 사용하였으나, 여자 어린이는 "let's~"와 같은 청유형 문장 유형을 많이 사용하였다.

Boy: Give me an apple!

Girl: Would you give me an apple?

Boy: It's time to go.

Girl: *Let's go.*

셋째, 여성은 문법적 문장grammatical sentence 사용을 더 선호한다. 특히 일상 대화에서보다 자신의 생각을 표현하는 경우에 문법에 맞는 문장을 가지고 명확하게 이야기하는 경향이 강하다.

Woman: We *are going* to go to the park today.

Man: We *are gonna* to the park today.

Woman: I *do not* want *anything.*

Man: I *do not* want *nothing.*

Wolfram(1969)은 미국 Detroit 흑인 화자가 발화한 'I do not want nothing'과 같은 다중 부정문의 사용 빈도를 성별 · 계층별로 분석한 결과, 계층에 관계없이 여성 화자의 비표준형 사용 빈도가 더 낮게 나타났다.

[표 4-7] 미국 Detroit 화자에서의 다중 부정문 사용 빈도

성별	상중류계층	중중류계층	상근로계층	하근로계층
남성	6.3	32.4	40.0	90.1
여성	0.0	1.4	35.6	58.9

(Wolfram 1969)

넷째, 여성은 남성보다 표준어를 사용하는 경향이 있다. 남성과 여성은 언어에 대한 태도에서 차이를 보인다. 가령 여성은 표준어를 구사하려는 경향이 강하지만, 남성은 여성에 비해 표준어 구사에 덜 초점을 둔다.

다섯째, 여성은 남성보다 대화를 할 때 공손함을 보여준다. Zimmerman & West(1975)는 남녀 간 대화에서 끼어들기에 대해 연구하였고, 그 결과 48번의 끼어들기 중에서 남성은 46번을, 여성은 단지 2번만 끼어들기를 하였다. 이러한 연구 결과는 남성과 여성이 같이 대화하는 경우에는 남성은 상대방이 자신에 대해 이야기를 들어주기를 원한다. 반면에 여성은 침묵하고 상대방의 말을 경청하는 경향을 보인다.

여성은 남성보다 표준형 사용을 선호한다는 사실은 이미 많은 연구들에서 입증되었다. 그렇다면, 여성이 남성보다 표준형 사용을 선호하는 이유는 무엇인가? 이에 대한 이유로는 크게 세 가지로 설명할 수 있다.

첫째, Trudgill(1983)에 따르면, 전통적으로 남성은 경제적 능력을 지니고 있기 때문에, 사회적 지위를 확보하고 있다. 반면에, 여성은 남성의 경제적 능력을 받아 가정을 꾸리는 역할을 함으로 상대적으로 남성에 비해 사회적 지위를 확보하는 것이 어렵고, 동시에 남성보다 사회적 지위가 낮다고 간주한다. 여성이 남성보다 더 낮은 지위를 차지하고 있다는 사회적 매김이 남들에게 잘 보이려는 행위가 언어적인 면에 나타나 결국 남성보다 여성이 표준형을 더 많이 구사하는 현상을 보인다고 주장하였다.[18] Key(1975)는 이러한 현상을 일종의 '반란'이라고 규정하였다.

> 여자들의 표준어 선호는 자신들의 사회적 지위를 높이기 위한, 다시 말하면 표준형이 누리는 위세prestige를 누리기 위한 수단인데 이는 자신들의 낮은 지위를 감수하지 못해 일으키는, 비록 눈에 잘 뜨이지는 않지만, 또 누가 뭐라지 않는 온건한 방법이기는 하지만 일종의 반란이라는 것이다. 어떻든 좋은 옷을 입음으로써 자신의 신분을 높게 보이게 하려는 것과 같은 의도로 표준어를 열심히 구사한다는 해석이다. (이익섭 1994:119 인용)

둘째, 사회 내에서의 여성의 지위와 역할에 대한 기대가 여성으로 하여금 표준형 사용을 하도록 한다는 해석이다. 일반적으로 가정에서 아이들의 교육은 여성이 주도적인 역할을 하며, 자녀들을 올바르게 교육시키기 위한 본보기가 되어야 함으로 표준형을 사용해야 하는 위치에 놓여 있다고 본다. 이와 더불어, 남성의 행동보다는 여성의 행동에 대해 많은 비판이 가해지므로 이를 의식한 여성들이 언어 사용에 있어 표준형을 더 선호한다고 본다(Trudgill 1983; Holmes 1992).

셋째, 남성의 관점에서 본다면, 남성은 자신의 남성성을 나타내기 위해 표준형 보다는 방언의 사용을 더 선호한다는 해석이다(Trudgill 1983; Fasold 1990). 이는 표준형과 비표준형 발음에 대한 인식에 있어 성별 간 차이를 나타낸다. 일반적으로 여성은 표준형 발음에 더 높은 점수를 부여하는 반면에, 남성들은 오히려 방언의 사용을 더 바람직한 행위로 평가한다(Trudgill 1972). 이처럼, 무의식적으로 표준형보다 비표준형인 방언의 사용을 선호하는 남성들의 심리에 대해 Trudgill(1972)은 숨은 위세covert prestige라고 표현하였다(이익섭 1994:122 재인용).

이러한 관점에서 표준형 사용 선택에 있어 성별 간 차이를 보이는 것은 분명하다.

4.6 성별 고정 관념

Simone de Beauvoir(2006:1949)는 "여성은 태어나는 것이 아니라 만들어지는 것이다.One is not born, but rather becomes, a woman."라고 언급한 것처럼, 여성이 사용하는 언어의 특징은 한 사회 내에서의 여성의 역할과 여성의 문화를 이해하는데 도움이 된다. 성별 역할은 "남성과 여성의 행동과 감정에 대한 사회적, 문화적으로 정의된 규범과 믿음"이라고 정의한다(Anselmi & Law 1998:195). 가령 성별에 따른 역할은 남성과 여성이 결혼해서 가정을 이룰 때 더 분명해진다. 전통적으로, 남성은 나가서 돈을 벌어오고 여성은 아이들을 양육해야 하는 것으로 여겨지는 성별 고정 관념gender stereotype과 밀접하게 연관된다(Walzer 2001).

　성별 역할과 성별 고정 관념은 직장과 업무에서의 역할에서도 연결된다. 예를 들면, 성별에 맞게 해야 하는 일 또는 업무, 성별에 어울리는 직업과 업무 수행 방법 등에 있어 자신의 속한 사회 문화 내에서 일반적으로 통용되는 성별에 따른 역할을 습득한다. 이러한 성별 고정 관념과 성별 역할 습득에는 의사소통 행위도 포함된다. 가령 일부 어휘와 언어 표현은 남성 또는 여성이 사용하는 것이 부적절한 것으로 인식되기도 한다. 이러한 성별과 언어 사용에 관한 인식은 전통적이고 관습적으로 내려오는 가치에 바탕을 두고 있으므로 성별 고정 관념에 대한 이해 또한 필요하다.

　21세기 화두 중 하나인 페미니즘 운동의 핵심은 성차별을 근절하는 것이다. 성별 고정 관념을 없애기 위한 일환으로 미디어에서의 성별 고정 관념을 나타내는 단어 사용 제재, 성 평등 진로교육, 성 평등 장난감 제작 등과 같은 실생활에서 이를 실천에 옮기려는 노력이 이루어지고 있다. 과거에 비해 여성의 지위가 현저히 향상되고, 사회에서의 여성에 대한 인식도 많이 달라지고 있다. 이러한 시대적 흐름에 맞추어 성차별을 나타내는 언어 사용에 대한 인식 역시 바뀌고 있다. 해당 사회 내에서의 여성의 위치 변화와 역할이 언어 사용에 어떠한 변화를 가져오고 있는지 관찰하는 것은 매우 중요한 의의가 있다.

❶ 여성이 남성보다 더 말을 많이 하는 경향이 있다고 한다. 예를 들면, 강의실인 경우, 여성이 남성보다 더 많은 말을 하는가? 또는 남성이 여성보다 더 많은 말을 하는가? 특정한 성별을 가진 사람이 강의 시간에 더 말을 많이 한다면 그 이유는 무엇인지 생각해 보시오.

❷ 만약 여러분이 누군가를 가르치는 선생님이라고 가정해 보자. 선생님이 여학생과 남학생의 질문에 대해 답을 하는데 있어 똑같은 어휘와 어조로 설명하는지 아니면 질문자의 성별에 따라 다르게 반응을 하는지 생각해 보시오.

❸ 성별이 같은 친구 간 대화와 성별이 다른 친구 간 대화를 녹음하여, 대화에 나타난 얼버무림 단어에 대해 조사하고, 그 기능에 대해 논의해 보시오. 그리고 얼버무림 말의 기능이 성별에 따른 차이를 나타내는지 살펴 보시오.

❹ 한국어에서 성별 간 차이를 보이는 어휘, 발음 그리고 문법 구문 사용에 대한 예를 제시해 보시오.

❺ 친구들 간 말하는 순서 규칙에 있어 상대방이 말하는 동안에 여성이 남성보다 상대방이 대화하는 도중에 끼여들기를 많이 하는지 또는 남성이 더 많이 하는지 살펴보고, 끼여들기를 하는 경우 어떠한 상황에서 끼여들기를 하는지 관찰해 보자. 끼여들기를 하는 특징이 여성과 남성 간 차이를 나타내는지 관찰해 보고, 그 결과를 지배dominance와 차이difference 모델을 이용하여 설명해 보시오.

❻ 성별 간 언어 선택을 하는데 있어 사회적 요인이 영향을 끼친다고 본다. 그렇다면 과거와 비교해 보았을 때, 여성의 사회적 역할 비중이 점점 커지고 있는 현 사회에서 역시 여전히 성별에 따른 언어 사용의 차이가 존재하는가? 아니면 여전히 성별에 따른 언어 선택의 차이가 존재하기는 하지만 종전에 비해 많은 차이를 보이지 않는지에 대해 논의해 보시오.

❼ 각 언어에서 성별 고정 관념을 나타내는 어휘와 문장 표현 그리고 '성 차별어'와 '성 차이어'에 대해 예를 들어 논의해 보시오.

❽ 인사, 위협, 욕설 그리고 약속을 하는 상황에서 사용하는 남성과 여성의 언어 특징에 대해 성별 간 어떠한 차이를 보이는지 예를 들어 설명해 보시오.

❾ 여러분이 연구자로서 성별 간 언어 사용의 차이에 대해 연구한다고 가정해 보자. 자신의 연구를 수행하기 위한 구체적인 연구계획서를 작성해 보시오.

(1) 연구 목적	
(2) 연구 방법	
(3) 결과 분석	

Notes:

[1] According to the Online Dictionary of Language Terminology (ODLT) a genderlect is "a variety of speech [i.e. a register or a sociolect] that is specific to either males or females" (Retrieved from http://www.odlt.org/ballast/genderlect.html).

[2] 성별 언어는 성별 방언 또는 성별어sex dialect, genderlect로도 부르는데 주로 남녀 언어의 음운, 어휘, 통사, 대화상의 차이, 즉 성 차이어를 다루었다. 그 후 성별 언어 연구는 남녀 차별적 사회 구조를 다루는 여성 해방 운동이나 여성주의(페미니즘 사조의 영향으로 성차별적인 언어 현상, 즉 성차별어 연구로 확산되어 갔다. 따라서 오늘날 성별 언어 연구는 크게 성 차이어gender-different language 연구와 성차별어gender-discrimination language 연구로 나뉜다(민현식 2003: 127-128).

[3] "Biological sex" itself is socially constructed, since there are in reality a range of physical types that society insists on classifying into one of (usually) two sex groups(McElhinny 2002; Zimman & Hall 2010).

[4] The British sociologist Anthony Giddens defines "sex" as "biological or anatomical differences between men and women," whereas "gender" concerns the psychological, social and cultural differences between males and female Giddens 1989:158).

[5] Wardhaugh(1986:99) accounted for the term 'code' as a system that is used to communication as follows:
"… that the particular dialect or language one chooses to use on any occasion is a code, a communication system used between two or more parties".

[6] Lakoff(1975) notes that there is a great concordance between femininity and unassertive speech she defines as 'women's speech.' According to her, in a male-dominated society women are pressured to show the feminine qualities of weakness and subordinance towards men(Cited in Paidamoyo, M 2016:178).

[7] Holmes(2001) divides Lakoff's list of linguistic features into two groups. Firstly, those 'linguistic devices which may be used for hedging or reducing the force of an utterance,' such as fillers, tag questions, and rising intonation on declaratives, and secondly, 'features which may boost or intensify a proposition's force', such as emphatic stress and intensifiers.(Cited in White 2013)

8 Rather than assuming speech differences among men and women are

related to power and status, the more recently emerging difference or dual-culture, approach views sex differences as attributable to contrasting orientations toward relations (Montgomery 1995:168).

9 According to Tannen(1990:77), the language of women is primarily 'rapport-talk', where establishing connections and promoting sameness is emphasized. Men, on the other hand, use language described as 'report-talk,' as a way of preserving independence while exhibiting knowledge and skill. The contrasting views of relationships are apparent: negotiating with a desire for solidarity in women, maintaining status and hierarchical order in men.

10 "Deborah Tannen, the author of a number of bestselling books on language and gender and other topics related to language and society, refers to the former type of interactional style as "high involvement" and the latter as "high considerateness," to emphasize that neither style is intrinsically "wrong" but rather that each stresses a different aspect of cooperative interaction. So-called "weak" language features do not always serve to convey weakenss but may indicate politeness or even dominance or authoritativeness. Similarly, conversational overlap is not always disruptive but may be perceived as friendly and supportive"(Wolfram & Schilling 2015:263).

11 In linguistics, a backchannel during a conversation occurs when one participant is speaking and another participant interjects responses to the speaker. A backchannel response can be verbal, non-verbal, or both. Backchannel responses are often phatic expressions, primarily serving a social or meta-conversational purpose, such as signifying the listener's attention, understanding, or agreement, rather than conveying significant information. Examples include such expressions as "yeah", "uh-huh", "hmm", and "right"(Retrieved from https://en.wikipedia.org/wiki/ Backchannel_ (linguistics)

12 Deuchar(1988) and Fasold(1990) explained that women's higher use of standard forms can be seen as a strategy for maintaining face in situations where women are powerless or in an inferior social position to men.

13 Three of Labov's four principles of language change(2001) and variation are related to language and gender. The four principles are:
Principle 1: Language change from below the level of consciousness starts in the middle of the social class hierarchy rather than from the highest or lowest social class groups.
Principle 2: The Linguistic Conformity of Women: For stable sociolinguistic variables, women show a lower rate of stigmatized variants and a higher rate of prestige variants than men.

Principle 3: In linguistic change from above [the level of consciousness], women adopt prestige forms at a higher rate than men.

Principle 4: In linguistic change from below, women use higher frequencies of innovative forms than men do.

(Wolfram & Schilling 2016:247)

[14] Lakoff(1975), 전혜영(2004) 내용 발췌

[15] 이러한 발음상의 차이는 영어를 모국어로 사용하는 화자에게서 뿐만 아니라 제 2외국어 학습에서도 똑같은 현상이 나타났다. 대체적으로 여학생이 남학생보다 더 정확하게 발음하였다(Xia 2013).

[16] 표 출처: 이익섭(1994:124)

[17] IViE corpus contains 36 hours of speech data and the dialects in the corpus are 'modern' or 'mainstream' dialects in several UK cities(Trudgill 1998).

[18] 이익섭(1994:119) 인용

제5장

언어 변이 : 연령

    사람이 태어나고 나이가 들면서 신체적, 정신적으로 변화를 겪듯이, 일정 연령이 되면 해당 연령에 적합한 언어를 사용하게 된다. 연령에 따른 언어 사용에 있어 변화를 겪는 원인은 매우 다양하지만 연령대 별로 겪는 사회적 경험이나 주변 상황 등과 같은 외부적인 환경이 언어 사용에 영향을 끼치는 주된 원인 중 하나이다. 인간은 늘 타인과의 상호 작용을 통해 살아가는 사회적 동물이기 때문에, 상호 작용 중 언어 사용의 변화가 일어나기도 한다. 특히 특정 연령대에 나타나는 언어 특징은 해당 연령층에 속한 화자 집단의 행동과 사고가 언어로 행해져 나온 결과로 볼 수 있다. 따라서 연령대 별로 나타나는 언어 특징에 대해 관찰하는 것은 해당 화자가 속한 집단만이 지니고 있는 독특한 문화를 이해하는데 도움이 된다. 연령과 관련된 언어 연구는 각 연령대에 나타난 언어 특징에 대해서만 기술하는 것이 아니라, 현재 언어가 어떠한 변화의 과정을 겪고 있는지 살펴볼 수 있다.

    이러한 언어 변화 과정의 결과를 공시적인 차원에서 앞으로 일어나게 될 언어 변화 과정을 예견하는데 활용할 수 있다는 점에서 중요하다.

Saussure는 "시간은 모든것을 변화시킨다; 이러한 보편적인 법칙에서 언어가 제외되어야 할 이유는 없다."고 말하였다.[1] Saussure가 언급한 것처럼, 생활 패턴, 사고방식, 패션, 미술, 음악 등과 같은 모든 분야와 마찬가지로 언어 역시 시간의 흐름에 따라 변화한다. 언어 변화에 대한 연구는 사회언어학적 관점에서 20세기 초에 역사 언어학자들과 사회언어학자들에 의해 이루어지기 시작하였다. 1960년대 이후, 사회언어학자들은 개인 또는 특정 공동체에 속한 사람들이 사용하는 언어가 일정한 언어 패턴을 가지고 있다고 가정하였다.

언어학자들은 언어가 연령대별로 어떠한 차이를 나타내는지 관찰하기 위하여, 다양한 연령층의 화자 집단을 대상으로 실제 발화한 언어음을 녹음해서 분석하였다. 언어 자료를 수집하는데 있어, 연령과 관련된 언어음에 대한 사회언어학적 접근 방법으로는 현장 시간apparent time과 실재 시간real time 연구 방법이 있다. 연구자는 보통 자신의 연구 목적에 따라 두 가지 중 한 가지를 선택하여 활용할 수 있다. 그러나 연구자는 현장 시간 방법과 실재 시간 연구 방법 중 반드시 한 가지 방법만을 선택할 필요는 없으며, 연구 결과의 타당성을 입증하기 위해 두 가지 조사 연구 방법을 모두 사용할 수도 있다.

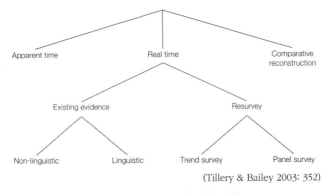

(Tillery & Bailey 2003: 352)

[도표 5-1] 언어 변화 연구 방법

Tillery & Bailey(2003)은 사회언어학과 방언학 연구에서 주로 사용하는 연구 방법의 예와 각 연구 방법의 장·단점에 대해 다음과 같이 설명하였다.

[표 5-1] 방언학과 사회언어학에서의 연구 방법

Approach	Type of evidence	Methodology	Example	Strengths	Weaknesses
use of existing evidence	real time	compare new survey to pre-existing survey or to written evidence	Labov's study of Martha's Vineyard	inexpensive and efficient; allows for great time depth	studies may not have comparable sample populations; differences in methods and goals
trend surveys	real time	series of independent samples using same methods	Ellen Johnson's partial resurvey of LAMSAS; Fowler's dept. store resurvey	comparability of methods; not affected by age grading	demographic changes = different sample populations; controlling sample population = less representative survey
panel surveys	real time	re-interviewing of same informants over a period of years	Cukor-Avila and Bailey - Springville Project	comparability of methods; unaffected by demographic change; examines changes in individual vernaculars	informants may move or die; sample becomes less representative over time
use of generational differences within a survey	apparent time	generational differences are surrogates for real time evidence	Labov's NYC study; most sociolinguistic work; Bailey, Wikle, Tillery, and Sand	inexpensive and efficient; comparability of methods; unaffected by demographic change, death of informants	assumes individual vernaculars are stable; cannot control for age grading or sociolectal adjustment
comparative reconstruction	proto-time	use of "sister dialects" to make inferences about earlier stages of a vernacular	Poplack - Samana; Singler - Liberian Settler Eng.; Bailey/ Sm. - SAE in Brazil	widely used approach in historical linguistics; offers independent confirmation of features	hard to distinguish innovations from retentions, to get comparable samples, to know accuracy of reconstruction

(Tillery & Bailey 2003: 353)

5.1.1 현장 시간 연구

현장 시간 연구[2]는 특정 언어 공동체에 속한 화자를 연령별로 나누어서 언어 특징을 관찰하며, 이러한 언어 특징을 언어 변화의 결과로 해석하는 방법이다. 현장 시간 연구 방법은 특정 화자 또는 화자 집단을 오랜 기간 동안 지속적으로 음 변이 과정을 관찰하는 것이 아니라, 동시대에 살고 있는 다양한 연령대에 속한 화자들에게 나타나는 언어 현상을 관찰하여 언어 변화를 연구한다.

이러한 현장 시간 연구 방법은 짧은 시간 내에 연령 간 또는 세대 간 나타나는 언어음 현상을 기록할 수 있다는 장점이 있다. 무엇보다도 연령에 따른 언어음 변화 연구는 앞으로 나타날 언어 변화의 흐름과 방향을 예측 가능하게 하며, 연구 결과를 바탕으로 미래의 언어 정책을 세우는데 활용할 수 있다는 면에서도 유용한 조사 방법이다(Turell 2003:7).[3]

특정 화자 또는 집단을 대상으로 언어음 변화 과정을 살펴보기 위해 시간대별로 지속적으로 추적 관찰하는 것은 너무나 오랜 시간이 걸리며, 학업, 결혼, 취업 등과 같은 개인적인 상황에 따라 한 지역에 평생 거주하는 것이 불가능한 경우가 발생하기도 한다. 이러한 문제점을 보완하기 위해, 동 시대에 살고 있는 다양한 연령 집단에 속한 사람들이 발화한 음을 녹음, 분석하여 연령에 따른 집단 간 언어음 변화 과정을 연구하는 방법이 이에 해당된다.

가령 현재 20세와 50세 연령대 화자들은 30년이라는 실제시간의 또 다른 모습이라고 볼 수 있다. 만약 50세 연령 집단에 속한 화자들이 발화한 언어가 1990년의 한국어를 대표한다고 가정해 본다면, 20세에 속하는 화자는 2020년의 한국어의 모습을 앞당겨 보여 준다고 해석하는 방식이다(이익섭 1994:152). 현장 시간 연구의 대표적인 예는 횡단 연구cross-sectional study이며, 이러한 연구에 사용되는 가장 직접적이며 흔한 방법은 설문 조사나 인터뷰 등이다.

현장 연구 방법을 이용한 대표적인 연구의 예는 캐나다 중부 지역 화자들이 발화한 영어 무성 양순 연구개 활음unvoiced labiovelar glide /hw/이 연령에 따른 차이를 나타내는지 관찰한 연구이다(Chambers 2002). Chambers(2002)는 무성 양순 연구개 활음 /hw/이 유성 활음 /w/로 융합하면서 음소적 지위를 잃은 과정을 관찰하기 위해, 캐나다 중부 지역 화자들을 70~79세 노령층 화자, 80세 이상 노령층 화자, 20~29세 청년층 화자 그리고 10대 청소년 화자 집단인 네 집단으로 나누어서 음 변이 과정을 살펴보았다.

그 결과, 원래 무성이었던 음을 유성음으로 발음한 빈도는 두 집단의 노년층 화자에서는 각각 38.3%와 37.7%를 보였으나, 20대 청년층 집단에서는 87.6% 그리고 10대 청소년 집단에서는 90.6%로 나타났다. 이러한 음 변이 현상의 결과에 대해, Chambers(2002)는 무성음에서 유성으로의 음 변이 현상은 초기에는 변화가 안정적으로 천천히 진행되기 시작하다가, 갑자기 급속하게 변화되며, 다시 변화가 서서히 멈추는 유형을 보인다고 설명하였다.

이러한 언어음 변화 유형은 Bailey(1973)가 저서 『*Variation and Linguistic Theory*』에서 기술한 원리에 기초를 둔 언어 변화의 '파동설Wave model'로 설명가능하다.

첫 번째 원리는 언어 교체linguistic replacement가 일어나는 초기에는 아주 느린 속도로 이미 존재하는 형태를 대신할 새로운 형태가 생겨난다. 그 다음 단계에서는 새로운 형태로의 변화가 재빠른 속도로 변화 과정을 겪으며, 마지막 단계에서는 기존 형태old form는 거의 사라지면서 동시에 새로운 형태new form로의 변화 과정 속도가 다시 느려진다는 것이다.

Bailey(1973)는 이러한 언어음 변화에 대해 다음과 같이 기술하였다.

A given change begins quite gradually; after reaching a certain point(say, twenty percent), it picks up momentum and proceeds at a much faster rate; and finally tails off slowly before reaching completion. The result is an s-curve: the statistical differences [i.e., differences in frequency of new form versus old form- A. K.] among isolects in the middle relative times of the change will be greater than the statistical differences among the early and late isolects. (Bailey 1973:77)

언어음 변이 과정에서 나타나는 S-커브S-curve 유형은 많은 언어음 변화에서도 관찰된다. 이는 앞에서 설명한 캐나다 중부에서 일어난 영어 무성 양순 연구개 활음 /hw/이 유성 활음 /w/로 융합되는 음 변이 과정 역시 S-커브 유형으로 설명가능하다.

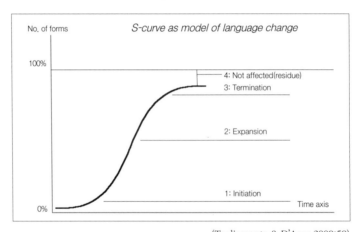

(Tagliamonte & D'Arcy 2009:58)

[도표 5-2] 언어 변화 S-커브

현장 시간 연구 방법을 이용하여 언어 변화를 예측하는 것은 여러모로 유용하다. 하지만, 연령 단계 유형에 따른 현장 시간 연구를 이용하여 얻은 결과를 전부 언어 변화의 과정 또는 결과로 해석하는 것은 위험하다고 몇몇 학자들은 지적하였다(Holmes 1992; 이익섭 1994).

이익섭(1994)은 한국어의 예로 '어머니'라는 대상을 일컫는 단어로 사용되는 두 개의 단어 '어머니'와 '엄마'의 어휘 선택에 대해 설명하였다.

> '어머니'라는 대상을 부를 때, 노년층과 중년층에서는 '어머니'라는 호칭을 더 많이 사용하지만, 청년층과 어린이 집단인 연령이 낮아질수록 '어머니' 보다는 '엄마'라는 호칭을 더 많이 사용한다. 이와 같은 경우, 연령 집단에 따른 어휘 선택을 언어 변화로 오인해서는 안 되며, 따라서 언어 변화와 연관시켜 설명할 때에는 주의를 기울여야 한다.

언어음 변화 과정을 설명한 한국어 모음 /에/와 /애/의 음소 합병의 예는 현장 시간 연구 방법을 사용하여 두 개의 음소가 하나의 음소로의 합병이 진행 중인 언어 변화 과정을 관찰한 연구이다(이익섭 1994). 한국어 모음 /에/와 /애/는 나이든 노년층 집단에서는 두 개의 모음을 변별적으로 구별하여 발음하는 경향이 높게 나타났으나, 연령층이 점점 낮아지면서 이 두 모음 간 변별력이 점차 감소함을 발견하였다. 이익섭(1994)은 연령에 따른 한국어 모음 /에/와 /애/의 변별력에 대해 다음과 같이 설명하였다.

> 서울에서 태어나 서울에서 성장한 필자의 세 자녀는 그 부모들이 그리도 잘 분별하는 이 두 모음을 제대로 구별하지 못하며, 어느 지역의 태생을 가릴 것 없이 서울대학교 국문학과 1학년 학생을 대상으로 조사해 보아도 /애/와 /에/를 바로 구별해 듣는 학생은 10%에도 못 미치기 때문이다. 음소 합병phonemic merger이 활발히 진행되고 있다고 보아야 할 것이다. (이익섭 1994:154)

이와 같은 음 변화 현상은 현장 시간 연구를 적용하여 동시대에 존재하는 현재의 자료를 사용하여 음 융합이 현재 진행 중이라는 것을 예측하는데 활용할 수 있는 중요한 연구이다.

5.1.2 실재 시간 연구

실재 시간은 언어음 변이 과정을 관찰하는데 있어 과거 자료와 현재 자료를 비교·분석함으로써 음 변이나 음 변화를 관찰할 때의 시간적 거리를 일컫는다(방언학 사전 2003). 가령, 50년 동안 한 특정 언어 공동체의 언어 변화 과정을 확인하는 연구를 진행한다고 가정한다면, 50년이란 기간 동안 주기적으로 해당 공동체에 속한 화자의 언어음을 수집하여 분석하는 방법이 실재 시간 연구 방법을 활용한 예이다.

따라서 실재 시간을 활용한 연구는 언어 변화 양상을 정밀하게 기술할 수 있다는 장점이 있으나, 언어음 변화 과정을 관찰하는데 상당히 오랜 시간이 소요되는 단점도 있다. 또한 오랜 기간에 걸쳐 이루어지는 연구이기 때문에, 연구 방법의 일관성, 실험 대상자의 추적 등과 같은 많은 부분에서 한계가 있다. 이처럼 연구를 수행하는데 있어 많은 문제점이 있음에도 불구하고, 실재 시간 연구는 과거 자료와 현재 자료를 비교·분석한다는 점에서 연구할 가치가 있다.

Bailey(2001)는 미국 흑인 방언American African Vernacular English의 특징인 'be-동사 탈락'과 3인칭 단수형을 탈락 현상을 관찰하기 위해, 실재 시간 연구 접근 방법을 활용하여 성인 한 명과 십대 소녀 한 명의 화자를 10년에 걸쳐 발화한 문장을 녹음하여 분석하였다.

두 명의 미국 흑인 화자 발화에서 'be-동사 탈락'과 '3인칭 단수 -s 탈락' 현상을 분석한 결과, 두 사람 모두 나이가 들수록 표준 영어보다는 미국 흑인 방언을 사용하는 경향을 보였다. Sheila의 경우, 시간이 흐름에 따라 흑인 영어 방언을 사용한 빈도가 지속적으로 증가함을 보였다.

그러나 Brandy는 1994~1996년 5월에 발화한 음에서는 'be-동사 탈락'과 '3인칭 단수형-s 탈락' 현상이 1988~1991년에 실시한 음 분석과 비교해 보면, 오히려 감소하는 추세를 보였다. 하지만, 1996~1999년에 실시된 언어음 분석에서는 서서히 다시 증가함을 나타내었다. Sheila와 Brandy 두 사람 모두 나중에는 결국 흑인 영어 방언을 구사하기는 하였으나, 언어 발달의 중간 단계에 있어서는 불안정한 상태를 나타냄을 볼 수 있다.

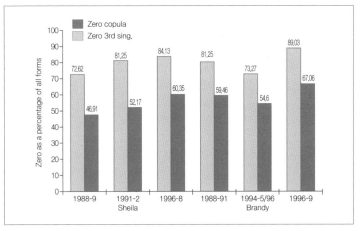

(Bailey 2001)

[도표 5-3] 미국 Springville 흑인 화자의 'be-동사 탈락'과 '3인칭 단수 -s 탈락' 현상

5.2 언어의 인생 과정

사람이 태어나 자라면서 성장 변화 과정을 겪듯이, 언어음 역시 화자의 연령에 따라 그에 맞는 언어를 사용하는 변화 과정을 겪는다. 연령 집단에 따른 언어 특징을 관찰하는 것은 시간의 흐름에 따라 일어나는 언어 변화 과정을 예측하는데 유용하게 활용할 수 있다는 점에서 중요한 의의가 있다.

연령에 따른 언어 변이 현상은 화자의 신체적 나이chronological age에 기초를 두어서 관찰한다. 연령과 관련된 언어 현상에 대한 연구는 보통 네 개의 집단인 아동기사춘기 이전, 청소년기사춘기 초기와 사춘기, 성인기초기 성인기와 중년기와 노년기로 나누어서 연령 단계별로 나타난 변화를 관찰한다. 다음은 연령 단계별로 나타나는 언어 특징에 대해 살펴보기로 한다.

5.2.1 아동기

어린이들이 처음 말을 배우기 시작할 때, 자신의 주된 양육자인 부모님 또는 조부모님이 사용하는 말을 흉내 내어 습득한다. 어린이는 양육자의 언어를 모방하는 과정을 통해 언어를 습득하기 때문에, 성인들이 사용하는 언어 현상을 어린이 발화에서도 관찰할 수 있다. 그러나 양육 과정에 관련된 성인만이 어린이의 주된 언어 모델인 것은 아니다(Hockett 1955).

어린이들은 성인뿐만 아니라 어린이집과 유치원에 다니는 또래 친구들 그리고 친족과 이웃들과의 상호작용 과정에서 자신보다 나이 많은 사람들의 발화에 나타나는 언어 변화 과정에 노출되어있다.[4] 이는 어린이들이 말하는 언어태도에도 영향을 끼친다. 가령, 보수적 성향을 가진 어른과 많은 접촉을 하면서 생활하는 어린이는 대화 태도나 언어 사용에 있어 개방적인 성향을 지닌 어른들과 자주 접촉하는 어린이와는 차이를 보인다. 그리고 주변에 나이가 더 많은 형/오빠 또는 누나/언니들이 자신보다 어린 동생에게 자신의 말을 모방하도록 하는 과정에서도 언어음 변이가 나타난다.

성인에게서 흔히 나타나는 언어음 특징이 어린이 발화에서도 나타나는지 관찰하기 위해 미국 Philadelphia주 성인 발화에서 흔히 나타나는 음 특징인 *ing*음과 *t/d*음 탈락 현상이 3~7세 어린이에게서도 나타나는지 관찰하였다 (Labov 1989; Robert 1993).

그 결과, 성인 화자에게서 나타나는 음 변이 현상이 어린이 발화에서 발견되었다. 이처럼, 성인 화자에게서 일반적으로 나타나는 음 현상이 3~7세 어린이 발화에서도 관찰되었다는 연구 결과는 어린이의 언어 모델이 또래 집단 뿐 아니라 전 연령층에 해당되는 화자가 될 수 있음을 암시한다.

5.2.2 청소년기

청소년기는 다른 연령층에 비해 매우 독특한 현상을 나타내는 시기이다. 청소년기는 학교 제도 내에서 규율을 따라야 한다는 점에서 아동기와 같이 취급되지만, 동시에 아동기에 속한 어린이보다 성숙한 행동이 요구된다. 하지만 성인 집단에는 속하지 못하는 과도기에 놓여 있다. 특히 사회언어학에서 청소년기 집단의 언어 사용에 대한 연구는 중요한 의의를 갖는다. 그 이유는 아동기에서 성인기로 전환하는 시기에 놓여있는 청소년들은 특히, 대중문화에 민감한 집단인 청소년기에는 더 넓은 네트워크와 정보를 가진 구성원들이 새로운 환경에서 사용하는 언어형을 사용하며, 더 나아가 빠른 변화를 따른 언어 양식을 포함한 다양한 스타일을 구사한다(Eckert 1997: 162).[5] 따라서, 청소년들의 발화에서 독특한 언어 변이를 나타내는 것은 매우 흔하다.

세대 간 음 변화의 특징을 기술하는데 있어 가장 큰 변화를 보이는 집단은 10~20대에 속하는 청소년기이다. 청소년기는 어린이가 성인이 되는 과도기이며, 자신을 독립된 개인으로 나타내기 시작하는 시기이다.

Chambers & Schilling(2018:279)는 "청소년기에는 여러 가지 면에서 자신이 다른 연령 집단과 다르다는 것을 보여주려고 하고, 특히 성인 집단과 구별되는 자기들만의 독특한 문화를 지니고 있음을 나타내기 위하여 언어 변이를 많이 구사하는 경향이 있다. 청소년기 언어 변이에 관한 연구 결과에서는 언어 변화는 15~17세 사이의 청소년에게서 가장 많이 나타나지만, 11~14세 사이 그리고 20대 화자에서는 가장 낮다고 보고하였다"(Ash 1982; Cedegren 1988). 이처럼 청소년기에 이르러 언어음 변화가 최고조에 이르는 현상을 청소년기 정점 원리adolescent peak principle라고 한다.[6]

When a linguistic variety is not part of the standard language, its usage tends to peak during adolescence (i.e. 15-17 year old), "when peer pressure not to conform to society's norms is greatest"(Holmes 1992), while pre-and post-adolescents are found to use these variables less frequently(e.g., Labov 2001; Chambers 2003). This effect is usually referred to as the Adolescent Peak Principle.(Peersman et al. 2016:2)

다음은 미국 Detroit 흑인 화자의 발화한 부정문의 경우, 문법적으로 비문인 다중 부정multiple negation의 사용 빈도를 사회 계층과 연령별로 분석한 연구이다. 연구 결과는 청소년층이 사회 계층에 관계없이 성인보다는 청소년 집단에서 비문법적 문장을 더 많이 사용함을 보여준다.

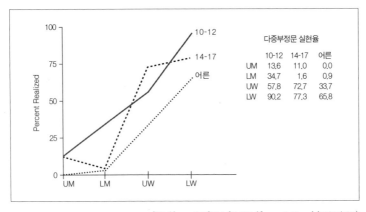

(Wolfram 1969: 163, Wolfram & Fasold 1974:91)

[도표 5-4] 다중부정문의 사회 계급 및 연령별 실현율[7]

Holmes(1992)는 다중 부정문의 사용에 관해 미국 Detroit와 Appalachia 지역 화자를 비교,분석하였다([도표 5-5]). 다중 부정문 사용 빈도에 있어, 두 공동체 모두에서 10대 연령층 화자가 성인 화자보다 비문법적인 문장 사용 빈도가 훨씬 높게 나타난다고 보고하였다. 특히, 10대 청소년 집단을 두 개의 하위 집단으로 나누어 비교해 본 결과, 10~12세 화자가 14~17세보다 문법적으로 틀린 부정문을 더 많이 사용함을 볼 수 있다.

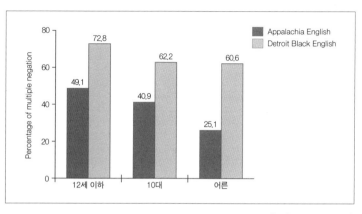

(Holmes 1992: 185)

[도표 5-5] 두 언어 공동체에서의 다중 부정문의 연령별 실현율[8]

5.2.3 성인기

청소년기 화자가 언어음 변이 사용에 있어 최고조의 단계라고 본다면, 성인기는 언어 사용에 있어 보수적 성향을 보여주는 시기이다(Labov 1966; Wolfram 1969). 청소년기 화자들은 속어와 욕설이 담긴 단어를 빈번하게 사용하는 경향을 보이지만, 이러한 특징들은 성인기로 접어들면서 서서히 사라짐을 볼 수 있다. 이처럼 성인기에 접어들면서 청소년기에 많이 사용했던 언어를 사용하지 않는 현상을 '사회방언 축소sociolectal retrenchment'현상이라고 일컫는다.

언어 사용에 있어 성인기에 접어든 화자들이 청소년기에 사용했던 속어나 욕설을 더 이상 사용하지 않는 이러한 보수적인 성향은 직장에서 표준어prestige form를 사용해야 한다는 압박 때문이라고 Eckert(1997)은 설명하였다.

Nichols(1983)는 미국 남부지역에 거주하는 아프리카계 미국 여성을 대상으로 한 연구에서 언어 사용에 영향을 끼치는 가장 중요한 요소가 직장에서 사용하는 언어 때문이라고 설명하였다.

5.2.4. 노년기

중년층에 해당하는 화자의 말은 보수적인 특징을 나타내지만, 노년층 화자는 격식을 덜 갖추어서 말하는 경향을 보인다.

Paunonen(1983)은 핀란드 여성을 대상으로 연령에 따른 음소 /d/을 발음할 때의 변화에 대해 관찰하였다. 그 결과 성인기 초반에서 중년으로 넘어가는 시기에는 /d/를 표준형으로 발음하였으나, 중년층에서 노년층에 속하는 여성 화자들은 비표준형으로 발음함을 나타내었다. 이처럼 음소의 발음에서 연령에 따른 차이가 나는 이유에 대해 Paunonen(1983)은 화자가 속한 해당 사회 내에서의 여성 지위와 연관이 있다고 설명하였다. 젊은 여성은 가정에서 아이를 보살피고 돌보아야 하는 양육을 전담하고 있으며, 이런 여성으로서의 책임과 임무와 같은 다양한 규범적인 문제와 연관된 일이 언어 사용에 영향을 끼쳤을 것이라고 보았다.

Labov(1991)의 주장 또한 Paunonen(1983)의 설명을 뒷받침해준다. 엄마가 아빠보다 더 오랜 시간동안 아이들에게 표준 언어를 가르치고 사용하는데 많은 시간을 보내며, 이러한 여성의 역할이, 특히 젊은 여성으로 하여금 표준 언어를 사용해야 하는 압력을 받는다고 해석하였다. 하지만, 중년기에서 벗어나 노년기에 접어든 여성인 경우, 가족에 대한 책임에서 벗어난 해방감이 언어 사용에 반영되어 젊은 여성에 비해 음소의 비표준형을 빈번하게 사용하는 경향이 있다고 보았다. 이러한 표준형으로의 음 발화 또는 표준어의 사용에서의 이탈현상은 여성뿐만 아니라 남성에게도 적용된다(Labov 1991).

Labov(1972)는 젊은 층 남성에 비해 노년층 남성의 언어가 덜 보수적인 경향을 나타내는 원인에 대해서는 직장에서 은퇴한 노년층 남성들은 언어 행위가 직장 밖 권력 관계 구조에 영향을 끼치지 않는다고 여기며, 이러한 생각이 언어 사용에 영향을 끼쳤기 때문이라고 설명하였다.

이처럼 노년층 집단에서 나타나는 비표준 언어 사용은 언어 시장linguistic

marketplace[9]에서의 해방이 노년층 화자들로 하여금 더 이상 표준어를 사용할 필요성을 느끼지 못하게 만들고, 이러한 언어 사용에 있어서의 해방감이 노년층 화자들의 언어 사용에 있어 더 폭넓은 선택의 기회를 제공한다고 보았다(Eckert 1997).[10]

5.2.5 연령 단계와 언어 변화

Radford *et al.* (1999)은 영국 Norwich 화자의 연령과 비표준 언어 사용 간 관계를 관찰하기 위하여 연령에 따른 'ing'음 변이 현상을 연구하였다.

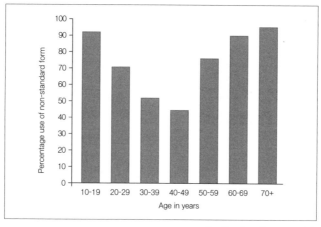

(Radford et al. 1999: 260)

[도표 5-6] 연령에 따른 영국 Norwich 화자의 'ing'음의 비표준형 발화 빈도

영국 Norwich 화자들인 경우, 10대에서 40대에 이르기까지 'ing'음을 비표준형으로 발음하는 빈도가 지속적으로 감소함을 나타내었고, 특히 40대에 이르러서는 비표준형으로 발음하는 경향이 현저히 낮음을 볼 수 있다. 그러다가 다시 50세 이후부터 표준형의 발음 빈도가 줄어들기 시작하면서 70세 이상 연령에 이르러서는 다시 10대 청소년의 비표준형 발음 빈도와 비슷함

을 볼 수 있다. 이러한 연령과 비표준형 언어 사용 간 관계는 U-모양 또는 V-모양 커브 현상으로 설명할 수 있다.

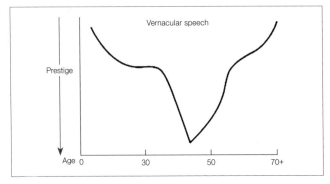

(Holmes 2001:168)

[도표 5-7]연령과 비표준 언어사용 간 관계

[도표 5-7]에서 볼 수 있듯이, 10대에 이르러서는 비표준 언어 사용이 최고점에 달하며, 30~40세에 해당하는 시기에는 비표준어 사용이 급속히 감소하는 경향을 보인다. 40대 후반 이후 다시 서서히 비표준어 사용이 증가하면서 70세 이후에 다시 비표준어 사용이 최고점에 달함을 보여준다. 이러한 연령과 비표준 언어 사용 간 관계는 U-모양 또는 V-모양 커브로 나타낼 수 있다.

Holmes(2001)는 청소년기에 비권위적, 비표준 언어를 사용하는 이유에 대해 "사회 규범에 따르지 못하도록 하는 또래 집단의 압력이 가장 큰 청소년기에 최고조에 이르는 경향이 있기 때문이다."라고 설명하였다.

이후 표준 언어 또는 권위를 나타내는 언어형의 사용은 30세에서 55세 사이에 정점에 달하는데, 이 시기에는 사람들은 직장생활을 하면서 규범을 따라야 하는 사회 압력이 가장 크다. 따라서 이러한 사회 규범에 따라야 하는 보수적인 사고가 언어 사용에 영향을 끼쳐, 이 시기에는 표준 언어의 사용이 최고조에 달한다. 50세 이후에 접어든 화자들은 직장과 사회에서 받는 압박이 줄어들면서, 이러한 압력으로의 해방감이 언어 사용에 영향을 끼쳐 다시 비표준형을 사용하기 시작하면서, 60세 이후에 이르러서는 다시 급격히 증가하는 추세를 보인다.

5.3 연령별 특징

사회언어학자들은 연령에 따른 음의 고저pitch, 어휘, 발음, 문법과 같은 언어 특징에서도 연령별 특징Age-grading features을 나타낸다고 주장하였다.

5.3.1. 음의 고저

인간은 모두 노화 과정을 겪으며, 노화는 신체와 정신 뿐 아니라 언어에도 영향을 끼친다. 노화를 쉽게 인지할 수 있는 언어와 관련된 부분은 목소리voice와 음 유형sound pattern이다. 나이가 들어감에 따라 구강을 포함한 신체 크기가 변하고, 이러한 구강 크기 변화는 음의 높낮이에도 영향을 끼친다. 어린이에서 성인으로 갈수록 해부학적, 생리학적 변화와 같은 신체적 구조의 변화로 인해 구강의 크기도 변화한다.

일반적으로, 성인과 비교해 보았을 때, 어린이의 음은 더 크고 울림이 많은데, 그 이유는 어린이의 구강 크기가 성인에 비해 현저히 작기 때문이다. 이는 크기가 다른 병에 공기를 주입한 경우, 병의 크기에 따른 공기의 움직임과 연관이 있다. 가령, 크기가 작은 병과 큰 병에 주입된 공기의 움직임을 비교해 보면, 큰 병보다는 작은 병에 주입된 공기의 움직임이 더 빠르다는 것을 알 수 있다. 병 속 공기의 움직임의 속도가 음의 진동에 영향을 주어, 작은 병에서 소리가 더 크게 들리는 것을 알 수 있다. 이러한 원리를 구강에 적용하면 이해가 쉬울 것이다. 구강이 작은 어린이와 구강이 큰 성인과 비교해 보면, 어린이가 발화한 음이 더 크게 들린다.

이러한 음의 고저를 음향 음성학적으로 측정한 것이 바로 기본 주파수 fundamental frequency: F0이다. 따라서 나이가 들수록 구강이 커지기 때문에 기본 주파수 값이 내려가고, 나이가 어릴수록 구강이 작기 때문에 기본 주파수가 올라간다. 이는 남성과 여성 간 음 고저에도 적용가능하다. 일반적으로, 동일한 연령대의 화자를 비교해 보면, 남성에 비해 여성의 구강 크기가 더 작기 때문에 여성의 기본 주파수가 남성에 비해 더 높게 나타난다.

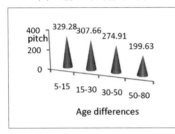
(A) 모음 'i'의 기본 주파수

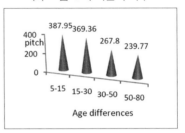
(B) 모음 'u'의 기본 주파수

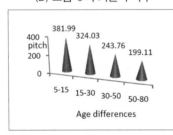
(D) 모음 'e'의 기본 주파수

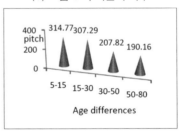
(C) 모음 'a'의 기본 주파수

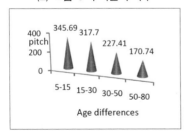
(E) 모음 'o'의 기본 주파수

(Kaur & Narang 2015:519-520)

[도표 5-8] 연령에 따른 모음 'i, u, a, e, o'의 기본 주파수

[도표 5-8]은 5세에서 80세 사이의 여성 화자를 네 개 집단으로 나누어 모음 'i, u, a, e, o'의 기본 주파수를 측정, 분석한 결과이다.

모든 모음의 기본 주파수는 연령이 높을수록 감소한다는 것을 볼 수 있다. 이는 성인의 기본 주파수가 어린이보다 낮으며, 또한 노년층 집단보다는 높다는 것을 보여준다. 따라서 성도와 기본 주파수 간 관계는 성도의 길이가 길면 길수록 기본 주파수는 낮아지는 반비례 관계를 나타낸다.

가령, 친구의 집에 전화를 했다고 가정해 보자. 전화를 받는 사람이 누구인지 추측 가능하게 하는 요소는 여러 가지가 있다. 이 중에서 상대방 목소리의 높낮이가 상대방에 대한 정보를 추측하게 한다. 만약 전화를 받는 사람의 목소리 톤이 높은 경우에는 남성보다는 여성일 가능성이 높고, 성인보다는 어린이일 가능성이 높다고 판단하는 근거 중 한 가지 요소가 바로 음의 고저이다.

5.3.2 어휘

화자의 연령을 추측 가능하게 하는 요인 중 하나는 어휘이다. 다시 말해서, 부모님 세대에 사용했던 단어를 청년층 세대 이후에서 빈번하게 사용하지 않는 경우, 해당 단어의 사용 여부는 화자의 연령대를 추정하는데 도움이 된다. 이에 해당하는 예로 '거스름돈'을 일컫는 제주어 단어 '주리'의 어휘 선택에 대해 살펴보도록 하자.

'주리'는 주로 70세 이상의 제주어 노년층 화자들이 사용하는 단어이며, 이보다 연령대가 낮은 화자들인 경우에는 '주리'라는 단어의 의미는 인지하나, 실제 대화에서는 거의 사용하지 않는다. 이런 경우, '주리'라는 어휘 사용은 해당 화자가 속한 연령대를 예측 가능하게 만드는 지표가 된다. 이와 유사한 예로, 스페인어 단어 'swalda'와 'draham'의 사용 빈도와 화자의 연령 간 관계에 대해 살펴보기로 하자.

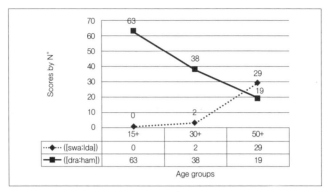

(Belahcen & Ouahmiche 2017:31)

[도표 5-9] 연령에 따른 'swalda'와 'draham'의 사용 빈도

[도표 5-9]은 '돈money'을 뜻하는 스페인어 단어 'swalda'와 'draham'의 사용 분포를 세 개의 연령 집단별로 나타낸 것이다.

스페인어 단어 swalda는 변이형인 아랍어 draham으로의 어휘 변화 과정을 겪고 있다. swalda는 50세 이상의 화자들이 주로 사용하는 어휘이나, 30대 화자들은 거의 사용하지 않으며, 10대 화자 집단에서는 전혀 사용하지 않았다. 그러나 draham인 경우, 15세 이상 화자 집단에서는 63번으로 압도적으로 많이 사용하였고, 30세와 50세 집단에서는 이 단어를 각각 38번, 19번 사용하였다. 노년층에서 많이 사용한 단어인 swalda는 10대 화자들은 전혀 사용하지 않았기 때문에 세대 간 어휘 교체 현상이 거의 이루어졌다고 볼 수 있다. 반면에, 10대 집단에서는 swalda 보다 draham을 현저히 많이 사용함으로 서서히 어휘 교체가 이루어짐을 보여준다.

어휘 교체를 나타내는 한 가지 예를 더 들어보자. '걸레'를 지칭하는 'dwile'이란 단어는 19세기에는 영국 동쪽 지역에서 많이 사용되는 단어였다. 그러나 오늘날에는 Norfolk주와 Suffolk주에 거주하는 성인 화자만이 사용하는 단어가 되었다. [도표 5-10]는 19세기와 20세기에 단어 dwile를 사용한 구역을 나타낸 지도로, 19세기에 비해 이 단어를 사용하는 지역이 현저히 줄어듦을 볼 수 있다.

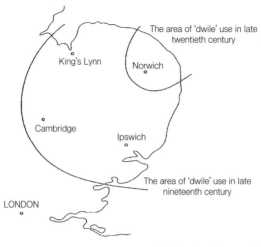

(Radford *et al.* 1999:260)

[도표 5-10] 19세기와 20세기의 단어 'dwile'의 사용 구역

화자의 연령에 따른 단어 dwile인지 분석에 관한 연구 결과에서는 대부분 성인들이 이 단어를 인지하지만, 어린이들은 이 단어의 뜻을 정확히 인지하고 있는 사람이 거의 없음을 보여준다. 따라서 이 단어의 사용 범위와 연령에 따른 인지 분석 결과는 dwile은 장차 소멸 가능성이 높은 단어임을 나타낸다.

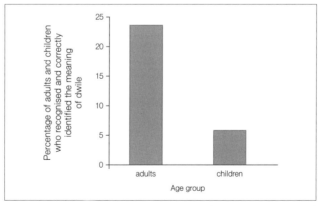

(Radford et al. 1999:260)

[도표 5-11 연령에 따른 영국 East Angles 지역의 단어 'dwile' 인지 분석

다음은 방글라데시어 단어 'tahshish'와 'tasnif'의 어휘 교체 현상에 대해 살펴보자. 단어 tahshish와 tasnif는 '청중을 편안하게 하고, 웃게 하고, 잠시 동안 생활 속의 스트레스와 압박으로부터 해방시킨다'는 의미를 지닌 단어이다.

Jaber(2012)는 화자의 연령이 두 어휘 간 선택에 영향을 끼치는 요소인지 살펴보기 위해 연령별로 화자를 세 개의 집단으로 나누어 연구하였다. 그 결과, tahshish는 50~60세 화자보다는 30~40세 집단에서 그리고 30~40세 집단보다는 18~24세 집단 화자들이 더 많이 사용하였다. 반면에, tasnif는 18~24세 집단에서는 전혀 사용하지 않았으나, 30~40세 집단에서 사용 빈도가 조금 증가하였으며, 50~60세 집단에서는 그 빈도수가 훨씬 증가함을 볼 수 있다.

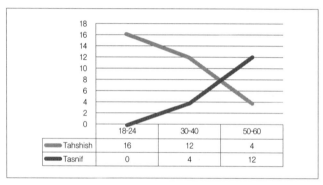

(Jaber 2013:164)

[도표 5-12] 연령에 따른 방글라데시어 단어 'tasnif'와 'tahshish' 선택 빈도

이처럼 연령에 따른 어휘 선택에 있어 차이를 보이는 이유는 tasnif와 tahshish가 동일한 의미를 지닌 단어이기는 하나, tasnif에 비해 tahshish의 어감이 더 강하며, 이라크 코믹 시리즈에서 빈번하게 사용되는 단어로 젊은 층 화자 선호도가 높기 때문인 것으로 해석된다. 이 연구 결과는 10-20대 화자들이 tasnif보다 tahshish을 더 많이 사용한다는 사실은 앞으로 단어 tasnif가 사라질 가능성이 있음을 암시한다.

다음은 방글라데시어 단어 'hata'의 세 개의 변이형 'hata', 'jamila', 'hilwa'의 어휘 선택에 있어 연령에 따른 차이를 나타내는지 살펴보도록 한다. hata, jamila, hilwa는 '여성의 미'를 지칭하는 방글라데시어 단어들이다. hata는 새로운 단어이고, jamila는 공식석상에서 교육받은 사람들이 주로 사용하는 표준형이다.

그리고 hilwa는 이집트, 레바논, 모로코 지역의 수 백 만 명의 아랍인들과 대다수 이라크 사람들이 일상적으로 사용하는 단어이다.

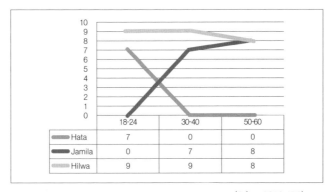

(Jaber 2013:173)

[도표 5-13] 연령에 따른 방글라데시어 단어 'hata'의 변이형 선택빈도

표준형인 jamila는 10~20대 화자들이 전혀 사용하지 않는 반면, 30대 이상 화자들이 주로 사용하였다. 그러나 hata는 30대 이상 화자들은 사용하지 않으나, 10~20대 화자들이 사용함을 볼 수 있다. hilwa의 사용은 연령층에 관계없이 전 연령층에서 고른 분포를 보여준다. 따라서 hata와 jamila 간 어휘 선택은 연령에 따른 변이를 보여주는 예이며, 이러한 어휘 선택은 연령을 나타내는 지표라 할 수 있다.

5.3.3 발음

어휘 사용 이외에도 화자의 연령을 나타내는 지표로서 언급되는 또 다른
요소는 발음이다. 같은 음소를 발음할지라도 화자마다 다르게 발음하는데,
이러한 발음 변이 또한 화자의 연령을 추측하는데 도움이 된다.

Jacewicz, Fox & Salmons(2011)는 Ohio 중부지역, Wisconsin 남동부 지역 그
리고 North Carolina 서쪽 지역의 239명 남녀 화자가 발화한 4개의 모음 /ɪ, ɛ,
æ, ɑ/를 녹음하여, 방언, 성별, 연령과 같은 요인이 영어 모음 음질에 영향을
끼치는지 관찰하였다.

연령인 경우, 실험 참가자를 조부모님 집단(66-91세), 부모님 집단(35-51세)
과 어린이 집단(8-12세)인 세 집단으로 나누었으며, 실험 참가자에 대한 정보
는 [표 5-2]에 나타나 있다.

[표 5-2] 연령과 성별에 따른 실험참가자 정보

Dialect Region	Age Group	Number and Gender	Age Range (years)	Mean Age (SD)(years)
OH	C	16M, 16F	8-12	10.6(1.6)
	P	12M, 16F	35-51	42.0(4.6)
	GP	9M, 9F	68-87	70.2(2.3)
WI	C	15M, 16F	8-12	9.5(1.1)
	P	14M, 16F	36-50	44.1(4.5)
	GP	9M, 9F	68-90	76.8(6.2)
NC	C	16M, 16F	8-12	10.5(1.2)
	P	16M, 16F	35-51	43.2(4.9)
	GP	9M, 9F	66-91	73.1(7.1)

NC = North Carolina; OH = Ohio, WI = Wisconsin; C = children, P = parents,
GP = grandparents; F= female, M = male

(Jacewicz, Fox & Salmons 2011:51)

[도표 5-14]는 4개의 영어 모음을 F1-F2 포먼트에 나타낸 것이다.

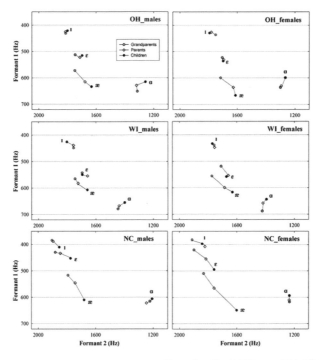

(Jacewicz, Fox & Salmons 2011:66)

[도표 5-14] 영어 모음 /ɪ, ɛ, æ, ɑ/의 연령과 방언에 따른 포먼트 측정

　　모음 /ɪ, ɛ, æ/을 발음할 때 올라가는 혀의 높낮이는 세대 간 차이를 나타내며, 이는 세 개의 지역 방언에서 발견되었다.

　　연령에 따른 차이를 살펴보면, 조부모 집단은 3개의 모음 /ɪ, ɛ, æ/인 경우, 혀를 위로 올리고 전설화하면서 발음하였다. 그러나 부모와 어린이 집단에서는 혀의 위치를 더 낮추고 후설화하면서 발음하였다. 특히 이같은 현상은 North Carolina 화자에게서 두드러지게 나타났다.

　　모음 /ɑ/을 발음할 때, 부모와 어린이 화자들은 조부모 세대에 비해 혀를 더 위로 올리고 동시에 혀를 좀 더 앞에 두어서 발음하는 경향을 나타내었다. 네 개 모음 /ɪ, ɛ, æ, ɑ/을 발음하는데 있어, 혀의 위치에 있어 연령에 따른 차이를 나타내는 현상은 시계 반대 방향으로 돌아가는 남부 모음 추이the

Southern Vowel Shift[11]로 설명할 수 있다. 다시 말해서, 연령이 높은 화자는 혀의 위치가 높은 곳에서 모음을 발화하고, 다음 세대 화자는 그 보다 좀 더 낮은 위치에서 발화함을 보여준다(Jacewicz, Fox & Salmons 2011:60).

다음은 Sidi Bel-Abbes 언어 공동체에서 사용하는 알제리아 아랍어 단어 'sə3a'(=a tree)를 발음하는데 있어 연령 간 차이를 나타내는지 관찰한 연구이다. 알제리아 아랍어 화자는 단어 'sə3a'를 [ʃə3a] 또는 [sə3a]로 발음하며, 이러한 음 변이형을 선택하는데 있어 연령이 끼치는 영향에 대해 음 변이형과 연령 간 유의미한 관계가 있음을 나타내었다. [도표 5-15]는 단어 'sə3a'의 음 변이형과 연령 간 관계를 나타낸 그래프이다.

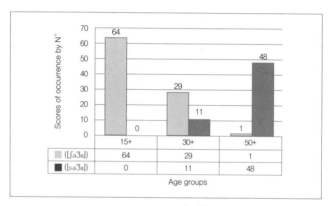

(Belahcen & Ouahmich 2017: 6)

[도표 5-15] 알제리아 아랍어 단어 'sə3a'의 음 변이와 연령 간 관계

단어 'sə3a'를 [ʃə3a] 또는 [sə3a]로 발음하는데 있어 연령이 영향을 끼치는지 살펴본 결과, 50대 이상 집단에서는 어초 자음 /s/를 [s]로 발음하는 경향이 강하지만, 15세 이상 청년층 집단에서는 [ʃ]로 발음하였다. 또한 중장년층 집단인 30대 화자들은 [s]보다는 [ʃ]로 발음하는 빈도가 높게 나타났다. 따라서 [s]는 50세 이상 연령층 집단의 언어음 발화를 나타내는 특정 자질로 해석할 수 있으며, [ʃ]는 중년층과 청년층 집단의 특정한 음을 나타내는 자질이라고 설명하였다(Belahcen & Ouahmich 2017).

이와 유사한 현상은 영어의 성문 폐쇄음glottal stop 발화에서도 발견된다. 영어 성문폐쇄음 /ʔ/은 /t/의 변이음이다. 미국인과 영국인은 'beaten, kitten, fatten'과 같은 단어를 발음할 때, 성문폐쇄음을 사용하여 [biʔn], [kiʔn], [fæʔ] 으로 발음하는 경향이 있다. Chambers(1995)와 Sankoff(2005)는 영국 스코틀랜드 남서부의 항구 도시인 Glasgow에 거주하는 10세 화자, 15세 화자 그리고 성인 여성을 대상으로 /t/의 변이음인 성문폐쇄음 [ʔ] 사용과 연령 간 관계에 대해 연구하였다. [도표 5-16]는 성문폐쇄음 사용 퍼센트와 연령 간 관계를 나타낸 그래프이다.

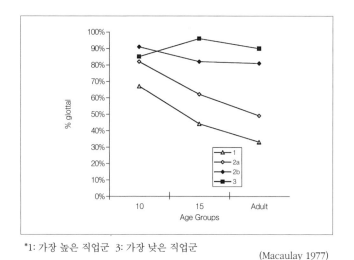

*1: 가장 높은 직업군 3: 가장 낮은 직업군

(Macaulay 1977)

[도표 5-16] Glasgow 여성의 성문폐쇄음 사용 퍼센트와 연령 간 관계

Glasgow 여성 화자를 연령과 직업군으로 분류하여, 이러한 화자 요인과 성문폐쇄음의 발화 빈도 간 관계를 나타낸 것이다.

[도표 5-16]에서 1은 가장 높은 직업군을, 3은 가장 낮은 직업군을 나타낸다. 성인은 실험 참가자 어린이들의 부모들이다. 10세 화자인 경우, 가장 높은 직업군인 [집단 1]이 가장 낮은 직업군인 [집단 3]에 비해 성문폐쇄음 사용 빈도가 현저히 낮음을 볼 수 있다. [집단 2a]와 [집단 2b]인 경우, 10세 집단에

서는 성문폐쇄음을 아주 많이 사용한 반면, 15세 집단에서는 집단 간 서로 다른 양상을 보여준다. [집단 2a]에서는 15세에 이르러서는 가장 높은 직업군인 [집단 1]과 같은 음 변화과정을 나타내지만, [집단 2b]는 가장 낮은 직업군인 [집단 3]과 비슷한 경향을 보였다.

Chambers(1995:22)는 10대 집단에서 15세를 기준으로 음 발화에서 서로 다른 양상을 보이는 이유에 대해 사회적 규범 체제에 덜 민감한 어린이들은 /t/음 변이형인 성문폐쇄음을 사용하는 것을 막을 수는 없지만, 청소년기에 이르러서는 이러한 변이음을 사용하는데 있어 사회적 규범의 영향을 받을 수 있다고 설명하였다.

Labov(2001:437)는 연령에 따른 변이음 사용 과정을 "전파 원리principle of transmission"로 설명하였다. 이러한 전파 원리에 대해, Labov(2001)는 "사회화 단계에서... 어린이들은 낮은 사회적 계층과 관련된 비공식적 발화에서 선호되는 음 변이를 배우게 된다. 이러한 이유로, 사춘기에 이르러서는, 성문폐쇄음 사용을 하지 말라는 압박을 받게 된다. 하지만 어린이들은 사회적 지위에 덜 민감하기 때문에 아동기 단계에서 /t/음의 변이형인 성문 폐쇄음을 습득하는 것을 멈출 수는 없다"[12]고 설명하였다.

5.3.4 대화 분석

단순 어휘와 음소 단계를 넘어, 화자가 실제 대화에서 발화한 문장 내에서 특정 어휘 사용을 분석함으로써 어휘 사용이 연령에 따른 차이를 나타내는지 살펴보고자 한다. Barke(2000)는 일본인 여성 화자의 자연 발화에서 나타나는 특정 어휘 쓰임과 연령 간 관계에 대해 연구하였다. Barke는 대명사, 장음화 현상, 부사, 문장 끝에 사용하는 소사particle, 추임새filler words의 사용이 일본인 여성 화자 연령에 따른 차이를 나타내는지 연구하였다. 5.3.4절은 Barke(2000)의 연구 결과를 요약한 것이다.

5.3.4.1 인칭대명사

일본어의 1인칭 대명사는 'watashi' 또는 'atashi' 그리고 2인칭 대명사는 'anata' 또는 'anta'이다. 1인칭 대명사 'watashi'인 경우, 자기 자신을 지칭하는 대명사로 남녀 모두 사용할 수 있으나, 'atashi'는 남성보다는 주로 여성들이 사용하는 대명사이다. 2인칭 대명사 'anata'와 'anta'는 성별에 상관없이 남녀 모두 사용하지만, 남성인 경우에는 'anata'보다는 'anta'를 더 자주 사용한다.

Barke(2000)는 19~30세 사이의 청년층 여성과 45~60세 사이 중장년층 여성이 발화한 30분 동안의 대화를 녹음하여 인칭대명사의 쓰임이 연령에 따른 차이를 보이는지 분석하였다. 그 결과, 청년층 집단에서는 2인칭 대명사인 'anata'와 'anta'를 전혀 사용하지 않았다. 그러나 1인칭 대명사인 경우에는 'watashi'보다 'atashi'를 더 많이 사용하였다. 특히, 청년층 여성화자들은 중장년층 화자보다 'atashi'의 사용 빈도가 더 높음을 볼 수 있다.

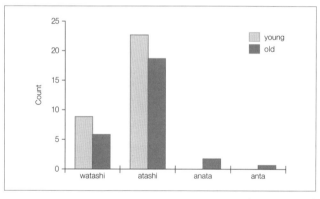

(Barke 2000:27)

[도표 5-17] 연령에 따른 일본인 여성의 인칭대명사 사용 빈도

5.3.4.2 장음화 현상

이야기를 할 때, 일본인 여성이 남성보다 더 감성적으로 말을 하는 경향이 있다고 보고하였다. 이를 뒷받침하는 증거로는 일본인 여성들은 단어를 발

음할 때 자음이나 모음을 길게 발음하는 경향이 있는데, 이러한 음의 장단이
사람의 감성의 정도를 나타내는 지표라고 설명하였다(Gengo Seikatsu 1973).

만약 음의 길이가 감성의 정도를 나타내는 지표로 본다면, 감정 기복에 있
어 중장년층 집단보다는 청년층 화자 집단이 더 감정에 치우친 경향을 나타
냄으로, 청년층 화자가 발화한 음의 길이가 중장년층 집단보다 더 길다고 가
정할 수 있다. Barke(2000)는 화자의 연령이 음의 장단에 영향을 끼치는 요소
인지 살펴보기 위해, 사실 확인을 요청하는 문장을 구사할 때 문장 끝에 사용
하는 소사 'ne', 추임새 'sa', 'that's right'을 뜻하는 'soo', 'yes'의 의미를 지닌 'nn'
의 음 길이를 측정하였다.

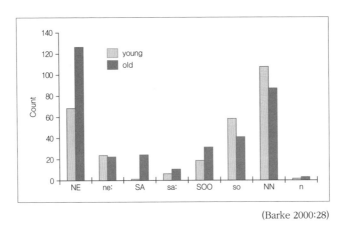

(Barke 2000:28)

[도표 5-18] 연령에 따른 일본인 여성이 발화한 음의 단음과 장음 빈도

그 결과, 'NE', 'SA'와 'SOO'인 경우에는 청년층보다 중장년층에서 장음화
현상이 더 많이 나타났다. 반면에, 'so'와 'NN'인 경우에는 반대로 나타났다.
따라서 일본어의 모음 장음화 현상은 연령이 모음 길이에 영향을 끼치는 요
소가 아님을 볼 수 있다.

5.3.4.3 부사

일본인 여성 화자는 대화에서 여러 종류의 부사를 많이 사용한다. [도표 5-19]에서 볼 수 있듯이, 부사의 사용은 모음 장음화 현상과는 달리 연령과 연관이 있음을 나타내었다. 대체로 청년층 여성 집단은 중장년층 집단에 비해 'chotto', 'nakanaka', 'yappari', 'yoku'와 같은 몇몇 부사를 제외하고는 다양한 종류의 부사를 더 자주 사용하였다.

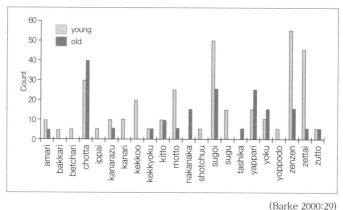

(Barke 2000:29)

[도표 5-19] 연령에 따른 일본인 여성의 부사 사용 빈도

5.3.4.4 문장 끝 소사

일본어 화자들은 문장 끝에 상대방의 동의를 구하는 표현으로 소사 'ne'를 많이 사용한다. 'sa'는 'ne'에 비해 덜 격식적인 형태이다. 'I wonder'를 뜻하는 소사로는 'kana'와 'wa' 두 가지가 있다. 'kana'는 남성 소사이며, 'wa'는 여성 소사이다. [도표 5-20]은 연령에 따른 소사 사용의 차이를 나타낸다. 'sa'와 'ne'인 경우, 청년층과 중장년층 여성집단에서는 'ne'의 사용 빈도가 'sa'보다 다섯 배나 더 많았다. 하지만 'kana'는 'wa'보다 더 높은 사용 빈도를 나타내었으나, 집단 간 차이는 보이지 않았다.

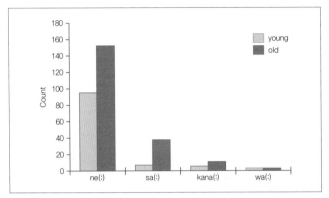

(Barke 2000: 29)

[도표 5-20] 연령에 따른 일본인 여성의 소사 'ne', 'sa', 'kana', 'wa' 사용 빈도

5.3.4.5 추임새 단어

대화 도중 부가적인 의미를 전달하지는 않으나, 담화표지discourse marker로 여러 가지 추임새 단어filler words가 사용된다. 추임새 단어의 기능은 다양하지만, 가장 주된 기능은 문장 내에서 적절한 단어를 찾고 선택하는데 필요한 시간을 확보하는 것이다.

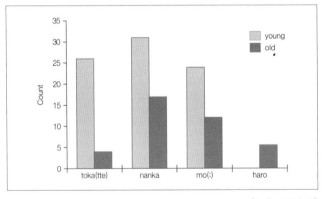

(Barke 2000:30)

[도표 5-21] 연령에 따른 일본인 여성의 추임새 단어 사용 빈도

[도표 5-21]은 네 가지 추임새 단어 사용 빈도를 연령별로 나타낸 것이다.

'haro'를 제외한, 'toka, nanka, mo'와 같은 추임새 단어는 청년층 여성이 중장년 층보다 훨씬 더 많이 사용함을 나타낸다.

5.3.4.6 반복

대화를 효율적으로 이끌어 내기 위해 대화에 참여한 사람들이 단어, 구 또는 문장을 반복하여 말하는 경우가 있다. Barke(2000)은 반복repetition 유형을 네 가지로 분류하여, 여성 대화에서 반복 유형의 사용이 연령에 따른 차이를 나타내는지 관찰하였다.

첫 번째 반복 유형은 '동시 반복synchronized repetition'이다. 이는 어떤 집단에 두 명 또는 그 이상의 대화 참가자들이 동시에 똑같은 말을 하는 경우가 이에 해당된다.

> A: shikamo Takapuna.
>
> *"moreover it is in Takapuna"*
>
> (group laugh)
>
> B: umi ga chikai mitai na?
>
> *"it is near the sea"*
>
> C: ii yo na.
>
> *"that's great"*
>
> Group: <u>ii na:?</u>
>
> *"you're so lucky"*

(Barke 2000:30)

앞의 예에서 대화에 참가한 구성원들이 "ii na:?"라고 동시에 말하는 것을 볼 수 있다. 이처럼 구성원들이 동시에 똑같은 말을 한다는 것은 친밀감을 표현하기 위한 표지로 사용한다.

두 번째 반복 유형은 '메아리 반복echo repetition'이다. 이는 화자가 앞에서 말한 내용을 그대로 반복하여 말하는 것이다. 이는 집단 구성원 전원이 똑같은 문장을 동시에 말하는 동시 반복과는 달리, 대화에 참여한 사람들 중 한 사람이 다른 구성원의 생각이나 의견에 동의함을 나타내기 위해 사용하는 전략이다. 세 번째 반복 유형은 사람들 간 대화에서는 나타나지 않고, 한 사람이 자신이 한 말을 빨리 반복하는 '재빠른 반복rapid repetition'이 이에 해당한다. 재빠른 반복은 같은 단어를 3-4번 빠르게 반복하여 말함으로써, 자신이 한 말에 대한 열의를 보여주는 수단으로 사용한다. 마지막으로 '솔로 반복solo repetition'이 있는데, 이는 한 개인이 말한 것을 반복해서 말하지만, 다른 사람에게 말을 하는 것이 아니라 자기 자신에게 반복해서 말하는 것을 일컫는다.

Barke(2000)는 화자의 연령에 따른 반복 유형 사용 간 관계를 분석한 결과, 솔로 반복을 제외한, 다른 세 가지 반복 유형에서 청년층이 중장년층보다 더 높은 사용 빈도를 나타냈다. 특히 동시 반복과 메아리 반복인 경우에는 청년층 집단이 중장년층 여성에 비해 압도적으로 많이 사용함을 보여 주었다.

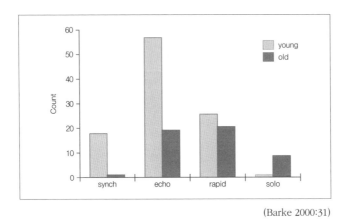

(Barke 2000:31)

[도표 5-22] 연령에 따른 일본인 여성의 반복 유형 사용 빈도

Barke(2000)는 일본인 여성의 실제 발화한 대화를 분석한 결과, 음의 장음화 현상을 제외한 인칭대명사, 부사, 소사, 추임새 사용은 연령에 따른 차이를 나타낸다고 주장하였다.

❶ 여러분이 연령에 따른 언어음 변이 현상에 대해 연구한다고 가정하여 연구계획서를 작성해 보시오. 연구계획서에 연구 목적, 연구 방법 그리고 연구 대상자에 대해 구체적으로 기술해 보시오. 또한 연구 방법에는 현장 시간과 실재 시간 연구 방법 중 어떤 방법을 적용하여 연구를 수행할지 설명해 보시오.

(A) 연구 목적	
(B) 연구 방법	
(C) 연구 대상자	

❷ 연령의 변화에 따라 언어음도 역시 변화의 과정을 겪는다. 이 중에서, 10~20대 연령층에서 나타나는 음 변이 현상을 청소년기 정점 원리 Adolescence Peak Principle와 연관시켜 청소년기에 비표준 언어를 많이 사용하는 이유에 대해 자신의 생각을 기술해 보시오. 자신의 경험을 비추어 보아, 청소년 집단을 10~12세와 14~17세 화자로 나누어 보았을 때 비표준형을 많이 사용하는 연령은 언제였는지 그리고 그 이유는 무엇인지 설명해 보시오.

❸ 언어음은 연령에 따른 변화를 겪는다고 설명하였다. 그렇다면, 연령대별로 아동기, 청소년기, 성인기와 노년기에 나타나는 언어음 변이 현상을 한국어의 예를 들어 논의해 보시오.

❹ 방글라데시어 단어 'tahshish'와 'tasnif', 'hata' 그리고 'jamila', 'hilwa' 간 어휘 선택에 있어 연령에 따른 차이를 나타낸다는 것을 살펴보았다. 한국어에서 세대 간 또는 연령에 따른 차이를 나타내는 어휘를 예를 들어 설명해 보시오.

❺ 부모님과 자녀 간 대화 또는 자신과 친구 간 대화를 녹음하여 대명사, 음의 장음화 현상, 부사, 형용사 또는 문장 끝에 사용하는 소사, 추임새와 반복 등에 대해 분석해 보시오. 서로 다른 상황에서 나타난 언어 특징의 차이에 대해 분석 결과를 바탕으로 논의해 보시오.

Notes:

[1] "Time changes all things; there is no reason why language should escape this universal law."

[2] The simplest way to study linguistic change is to study it in apparent time, based on the analysis of the distribution of linguistic variables across different age groups. This distribution across age groups should not be confused with the regular linguistic behavior of age grading, repeated in every generation, which has to do rather with differences resulting from the language development found in all individuals(Turell 2003:7).

[3] One efficient way of overcoming the logistical difficulties as well as the methodological issues, in studies of change in apparent time, is to search for studies previously carried out on the speech community, to use the results obtained for comparison. In other words, to use the past to explain the present(Turell 2003:7).

[4] Eckert(1997) describes the patterns of sociolinguistic variation of children.
"It has been recognized for some time(Hockett 1950) that from a very early age, adults are not children's primary linguistic models. Interaction with siblings, neighbors, and friends exposes younger children to changes in progress as manifested in the speech of their older peers, and affords them the kind of social participation needed to understand the social meanings of those changes. Differences between children's patterns and the more conservative adults' patterns exist in a setting of foregrounded child-adult relations, and the developmental imperative imbues slightly older children with status that may serve as motivation for younger children to emulate them."

[5] "Popular" groups take form, providing their members with a vaster network and hence information, protection, and support in a new environment, and fast change and construction of style-including linguistic style-becomes a crucial part of activity(Eckert 1997: 162).

[6] "During ongoing change, younger children lad behind the leading adolescents: "The frequency of incoming (i.e., innovative) forms is highest among adolescents; preadolescents are consistently found to use incoming forms less frequently, not more frequently, than their immediate elders, while postadolescents also use the same forms less frequently"(Tagliamonte & D'Arcy 2009:59). Thus when children are added to the view of language change in apparent time the lag creates what Labov(2001:454) terms an "adolescent peak"(Holmes-Elliott 2016:81)

7 표 출처: 이익섭(1994:141)

8 표 출처: 이익섭(1994:142)

9 In sociolinguistics, the notion of linguistic marketplace, also known as linguistic market, refers to the symbolic market where linguistic exchanges happen. On linguistic markets, linguistic capital?a subtype of the broader concept of cultural capital according to Pierre Bourdieu?is exchanged, and different languages and varieties have different symbolic values. On the standard linguistic market, standard languages usually enjoy more value due to the high overt prestige associated with them while on linguistic markets that value non-standard varieties, vernaculars can also enjoy a higher value. This concept has been proven to be useful in understanding other sociolinguistic concepts such as language variation and change and gender. (Retrieved from https://www.revolvy.com/page/Linguistic-marketplace)

10 "Disengagement from the marketplace could bring a loss of concern with standard language norms in general, and this loss of concern could be a matter of choice, in which one simply enjoyed greater egalitarianism. On the other hand, many of the aged suffer an unwelcome loss of power: they become physically vulnerable, many become economically vulnerable, and disengagement from the marketplace deprives many of influence. In addition, as the cohort ages, its numbers decreases, bringing a loss of age-group power"(Eckert 1997: 165).

11 Baranowski(2008:35) notes the Southern Shift that "The shift begins with the monophthongization of /ay/, which leaves the subsystem of front upgliding vowels and in this way triggers the laxing and lowering of the other front upgliding vowels, beginning with /ey/, as in bait, and then followed /iy/, as in beat. This is accompanied by the tensing and raising of the short front vowels, whose nuclei become tense and ingliding, along a peripheral track."

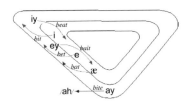

12 Labov(2001:437) explains that "at some stage of socialization... children learn that variants favored in informal speech are associated with lower social status in the wider community."

제6장

온라인 언어 변이

사회과학이 데이터 과학 시대에 접어들면서, 페이스북과 트위터와 같은 매체를 정기적으로 사용하는 인구가 계속 증가하고 있다. 텍스트, 이미지, 오디오, 비디오 등과 같은 다양한 형태의 소셜 미디어social media는 자신의 의견, 생각, 경험 등을 표현할 수 있고, 서로의 의견을 공유할 수 있는 온라인 공간이다. 특히 소셜 미디어는 시간과 공간에 구애를 받지 않고 소통할 수 있다는 점에서 오프라인과는 다른 차원에서 새로운 사회적 역할을 함으로 온라인상에서 사용하는 언어에 대한 이해는 매우 중요하다.

온라인에서 처음으로 만난 사람과 의사소통을 할 때, 상대방과의 원활한 소통을 위해서는 대면 의사소통face-to-face communication과는 다른 차원에서 상대방을 파악해야 한다. 오프라인에서는 대면 의사소통을 통해 대화가 이루어짐으로, 대화가 이루어지는 동안에 상대방이 사용하는 어휘, 말투, 제스처 등과 같은 언어적 그리고 비언어적 특징을 통해 사람들의 성향이라든지 또는 성격, 개인에 대한 정보를 얻을 수 있다. 하지만 소셜 미디어를 통한 의사소통은 대면 의사소통과는 달리, 구어가 아닌 쓰기 문장에 나타난 어휘나

문체 등을 분석함으로써 상대방에 대한 정보를 유추해야 한다.[1]

　과학 기술이 발달한 현대 사회에 살고 있는 사람들에게 있어 소셜 미디어 상에서 정보를 얻고, 타인과의 관계를 맺는 것은 이제 선택이 아닌 필수적인 요소이다. 따라서 상대방과의 적절하고 원활한 관계 형성을 유지하기 위해서는 온라인상에서 사용한 쓰기 문장에 의존하여 연령, 출신 지역, 성별, 성격 등과 같은 상대방에 대한 정보를 얻을 필요가 있다. 이에 발맞추어, 온라인 언어 분석을 통해 상대방의 정보를 유추하기 위한 시도가 급증하고 있다. Tauszczik & Pennebaker(2010)는 언어를 다음과 같이 정의하면서, 사용자의 언어를 분석한다는 것은 상대방의 사고방식과 지니고 있는 감정을 이해하는데 도움이 됨으로 의사소통에 있어 매우 중요하다고 설명한다.

　　　언어는 사람들이 자신의 내적 사고와 감정을 다른 사람들이 이해할 수 있는 형태로 표현한 가장 일반적이고 믿을만한 방식이다. 따라서 단어와 언어는 심리학과 의사소통에 있어 매우 중요한 요소다.

　　　Language is the most common and reliable way for people to translate their internal thoughts and emotions into a form that others can understand. Words and language, then, are the very stuff of psychology and communication(Tauszczik & Pennebaker 2010).

　보통 온라인 언어 분석은 텍스트 메시지를 범주화시킨 후, 미리 선택한 어휘 범주에 해당되는 단어가 얼마나 자주 사용되었는지 빈도를 점검하는 방법이 일반적이다. [도표 6-1]은 Schwartz *et al.* (2013)이 제시한 언어 분석의 기본 구조이다.

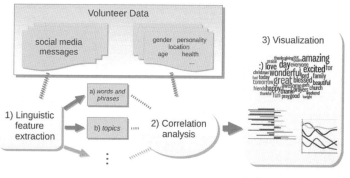

(Schwartz et al. 2013:4)

[도표 6-1] 언어 분석 기본 구조

언어 분석의 첫 번째 단계는 언어 자질을 추출feature extraction하는 것이다. 소셜 미디어에서 사용한 메시지에서 단어나 구 또는 대화 주제 등과 같은 언어 자질linguistic feature을 추출한 후([도표 6-1(1)]), 이 추출한 결과를 사람의 성별, 성격, 지역, 연령 등과 같은 요인들과 연관시켜 상관관계를 분석한다([도표 6-1(2)]). 그 다음, 분석한 언어 자질과 변인 간 관계를 그래픽으로 시각화해서 나타낸다([도표 6-1(3)]). Park(2016)은 분석 결과를 시각적으로 표현하는 것은 복잡한 데이터를 보는데 도움이 된다고 다음과 같이 기술하였다.

According to lead author Dr. Gregory Park from the University of Pennsylvania, visualization helps us to see the bigger picture with complex data. "If we only look at individual topics in isolation, it's difficult to see patterns in the kind of topics that are used more by women or men. However, when we organize the topics by warmth and assertiveness and then visualize all of them together, it's clear that many of the language differences break down along these interpersonal dimensions,"he said.

성격

의사소통을 하는데 있어 사람마다 고유하고 독특한 특징과 성향을 파악하는 것은 매우 중요하다. 오프라인 상에서 대면 의사소통의 경우에는 사람들이 사용하는 언어 뿐 아니라 얼굴 표정, 몸짓 등과 같은 비언어적 특징을 통해서 상대방의 성향을 파악하는 것이 가능하다. 하지만, 소셜 미디어를 통한 온라인상에서의 의사소통은 쓰기에 사용한 단어와 문장 표현에 의존해서 상대방에 대한 정보를 유추해야 함으로 상대방에 대해 정확히 파악하는 것은 매우 힘들다. 그러나 4차 산업혁명을 겪고 있는 현 시점에서 소셜 미디어를 통한 인간관계 형성은 불가피함으로 사람들이 쓰기에 사용한 어휘 또는 문장 분석을 통해 얻은 일반화된 결과를 적절히 활용할 필요가 있다.

Pennebaker & King(1999)은 범주별로 단어를 분류한 어휘 목록word-category lexical을 활용하여 분석한 LIWCLinguistic Inquiry and Word Count 프로그램을 사용하여 오프라인 상에서 사람들이 쓴 일기, 대학생 작문과제, 사회 심리학 원고 초록과 같은 다양한 분야의 글쓰기에 나타난 단어를 분석하였다. 그 다음, 단어 분석 결과를 바탕으로 글쓴이의 성격을 유추하는데 적용한 연구를 하였다.

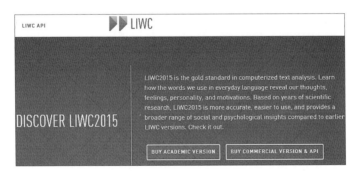

http://liwc.wpengine.com

Pennebaker & King(1999)은 글쓰기에 사용한 단어 분석을 통해 글쓴이의 성격을 유추하는 것은 가능하다고 주장하였다. 예를 들면, 활발한 성격을 가진 사람은 관사article를 많이 사용한 반면에, 내성적 성향의 사람은 의미를 구별하는 단어를 자주 사용하였다. 그리고 신경질적 성격을 가진 사람은 부정적인 의미를 내포하는 감정 단어를 빈번하게 사용하는 경향을 보인다고 보고하였다. 이와 유사한 또 다른 연구인 글쓰기에 나타난 단어를 활용하여 사람의 성격을 분석한 연구결과(Mehl et al. 2006)에서도 사람의 성격과 단어 사용 간 상관관계가 있다고 주장하였다.

Mehl et al.(2006)은 신경질적이고 활달한 성격을 지닌 사람은 1인칭 대명사 'I'를 자주 사용하는 경향을 보이지만, 마음이 덜 개방적인 사람은 사회화 과정social process과 연관된 주제를 많이 언급하며, 외향적인 성향을 가진 사람은 길이가 긴 단어를 빈번하게 사용한다고 설명하였다.

Schwatz et al. (2013)은 136,000명의 페이스북 사용자들이 웹사이트에 게시한 1천 9백만 개의 문장을 분석하여, 단어 사용과 사용자들의 성격 간 상관관계에 대해 관찰하였다. 페이스북 사용자들은 한 사람이 한 회당 약 20개 단어를 사용하여 문장을 만들었으며, Schwatz et al. (2013)은 평균 206번 업데이트된 정보인 총 4,129개 단어를 자신의 연구에 활용하였다.

[도표 6-2]는 사람의 성격에 따른 단어, 구, 대화 주제를 분석한 결과이다. 외향적인 성향을 지닌 사람은 'party', 'love you', 'boys', 'ladies'와 같은 사교적 단어를 많이 사용하였으나, 내성적인 사람은 'computer', 'internet', 'reading'과 같은 혼자서 하는 활동과 관련된 단어 사용이 많았다. 그러나 신경질적인 성향을 가진 사람은 'hate', 'lonely', 'depressed', 'worse'와 같은 부정적 의미를 가진 단어를 많이 사용한 반면에, 정서적으로 안정된 사람은 'success', 'workout', 'basketball', 'blessing', 'soccer' 등과 같은 긍정적 의미를 지닌 단어와 여럿이 같이 하는 운동과 관련된 단어를 많이 언급하였다.

언어 사용이 사람의 성격을 파악하는데 활용될 수 있다는 연구 결과는 많은 중요한 이론적 암시를 나타낸다. 2000년대 이전 연구에서는 사람의 성격이 언어 사용에 나타나지 않는다고 하였으나, 2000년 이후 연구에서는 좀 더 낮은 단계인 단어 분석을 통해 사람의 성격을 관찰하고 측정하는 것이 가능하다고 주장하였다(Pennebaker & King 2001).

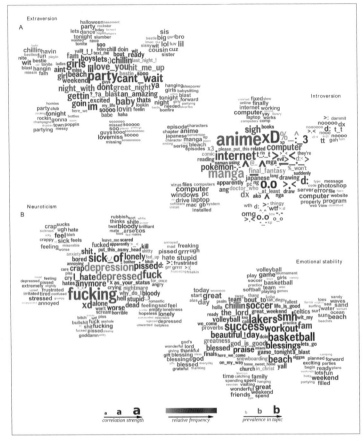

(Schwatz et al. 2013)

[도표 6-2] 성격에 따른 단어, 구 그리고 대화 주제 분석

Pennebaker & King(2001)이 주장한 것처럼, LIWC와 같은 텍스트 분석방법을 사용한 언어 연구는 글쓰기에 사용한 단어를 분석함으로서 사람의 성격을 파악하는데 활용할 수 있음을 나타내며, 이는 온라인 사용자들의 성향을 파악하는 데에도 도움을 준다.

종전에는 언어는 사람의 심리적인 면을 나타내기는 하나, 이를 과학적인 방법으로 측정하기는 어렵기 때문에 심리학 분야에서는 종속변인으로 사용되지 않았다(김영준 외 2013). 그러나 최근 들어 감정 언어를 분석하는 프로그램들이 많이 개발되었다.[2] 김영준 외(2013)는 언어 분석 프로그램인 K-LIWCKorean linguistic inquiry and word count를 사용하여 인터넷 댓글에 나타난 언어적, 심리적 특성을 비교, 분석하였다.

K-LIWC는 Pennebaker & King(2001)이 말이나 글에서 언어적 구조 차원, 심리적 차원, 자기 영역 차원(관심사 차원), 위치 차원의 어휘를 얼마나 사용하는지 분석하기 위해 개발한 영어권 언어 분석 프로그램 LIWC의 한국어판 프로그램으로 한국어의 언어적 구조 및 한국 특유의 문화적 특성이 반영되어 있다(김영준 외 2013). 김영준 외(2013)는 인터넷 댓글을 악성 댓글과 일반 댓글로 분류한 후, 언어 분석을 통해 언어 인지적 특성과 심리적 특성의 차이점에 대해 살펴 보았다.

첫째, 인터넷 댓글에 대한 언어 인지적 특성에 있어 악성 댓글과 일반 댓글은 차이를 보였다. [표 6-1]은 언어적 특성에 관한 악성 댓글과 일반 댓글 간 집단 분석 관계를 나타낸 것이다.

[표 6-1] 악성 댓글과 일반 댓글 간 언어적 특성

변수	악성 댓글 M(SD)	일반 댓글 M(SD)	t	p	Effect Size
Sentence	256.5600 (184.4325)	543.3200 (326.6740)	-3.348	.003	1.081
Clause	1719.400 (1429.4354)	3926.8400 (3668.8146)	-2.737	.011	0.793
Morpheme	2963.1200 (2506.1626)	6850.3200 (6754.5797)	-2.659	.014	0.763

Morpheme per sentence	10.8113 (2.2034)	11.5255 (2.7939)	-2.389	.025	0.284
Bound noun	.0061 (.0025)	.0077 (.0028)	-2.799	.010	0.595
3rd person singular	.0025 (.0017)	.0035 (.0016)	-2.582	.016	0.602
2nd person plural	.0012 (.0020)	.0006 (.0010)	2.486	.020	0.407
Ida-postposition	.0117 (.0041)	.0132 (.0028)	-2.113	.045	0.418
Adjective	.0279 (.0060)	.0320 (.0044)	-3.754	.001	0.787
Interjection	.0099 (.0067)	.0061 (.0033)	2.873	.008	0.716
Seonemal Ending	.0154 (.0040)	.0174 (.0043)	-2.520	.019	0.481
Noun-assuming category	.0017 (.0021)	.0001 (.0003)	3.938	.001	1.030
Past tense	.0163 (.0051)	.0145 (.0046)	2.073	.049	0.362
Juchenop-im "-si-"	.0005 (.0007)	.0014 (.0013)	-3.301	.003	0.878

(김영준 외 2013:3195)

언어의 일반적인 특성을 나타내는 변인인 문장, 어절, 형태소의 사용은 악성 댓글에서 유의미하게 나타났다. 이는 누리꾼들이 악성 댓글을 쓸 때는 짧은 문장을 사용한다는 것을 볼 수 있다. 그리고 문장 당 단어 비율은 일반 댓글보다는 악성 댓글에서 낮게 나타났다. 이는 누리꾼들이 악성 댓글을 쓸 때, 복문보다는 단문을 사용하는 경향이 있음을 보여준다. 의존 명사, 3인칭 단수, '-이다' 조사, 형용사, 선어말 어미, 주체 높임 '-시-'의 사용 빈도는 일반 댓글보다는 악성 댓글에서 유의미하게 낮게 나타났다.

하지만, 2인칭 복수, 감탄사, 명사 추정 범주와 과거 시제의 변인에서는 악성 댓글에서 유의미하게 높은 사용 비율을 보였다. 특히, 일반 댓글과 악성 댓글 간 현저한 차이를 보이는 변인은 명사 추정 범주로, 이는 명사로 추정되는 범주 정보의 사용 빈도를 의미한다. 명사 추정 범주에는 목소리가 고운 사람을 일컫는 단어인 꾀꼬리, 일방적으로 일을 추진해 나가는 사람을 가리켜서 불도저, 키가 큰 사람을 꺽다리로 일컫는 단어가 이에 해당되는 예들이다.

이처럼 명사 추정 범주는 사람의 생각, 행동, 특징을 직접적인 어휘를 사용하여 묘사하기 보다는 이러한 특징을 꼬집어서 사용한다. 따라서 악성 댓글을 쓸 때 대상을 비난하는 경우에 우회적이면서도 이를 빗대어서 지칭하는 말을 더 많이 사용한다고 할 수 있다.

다음은 인터넷 댓글에 대한 심리적 특성에 있어 악성 댓글과 일반 댓글 간 유의미한 차이를 나타냄을 볼 수 있다. [표 6-2]는 심리적 특성에 관한 악성 댓글과 일반 댓글 간의 집단 분석 관계를 나타낸 것이다.

[표 6-2] 악성 댓글과 일반 댓글 간 심리적 특성

범주	변수	악성 댓글 M(SD)	일반 댓글 M(SD)	t	p	Effect Size
Affective & Emotional processes	Affective & Emotional processes	.0544 (.0118)	.0470 (.0075)	3.569	.002	0.743
	Positive emotion	.0140 (.0047)	.0162 (.0039)	-1.989	.058*	0.495
	positive feeling	.0052 (.0029)	.0085 (.0025)	-4.527	<.001	1.217
	Negative emotion	.0372 (.0104)	.0267 (.0049)	5.457	<.001	1.289
	Anger	.0153 (.0056)	.0074 (.0021)	7.595	<.001	1.860
Cognitive process	Cognitive Processes	.0300 (.0065)	.0362 (.0093)	-4.028	<.001	0.765
	Cause	.0034 (.0019)	.0041 (.0014)	-2.160	.041	0.406
	Expect	.0081 (.0035)	.0098 (.0039)	-2.252	.034	0.475

범주	변수	악성 댓글 M(SD)	일반 댓글 M(SD)	t	p	Effect Size
	Guess	.0078 (.0035)	.0108 (.0040)	-3.307	.003	0.778
	Conviction	.0092 (.0041)	.0112 (.0035)	-3.631	.001	0.524
Social processes	Social processes	.0440 (.0092)	.0395 (.0068)	2.438	.023	0.524
	Family	.0070 (.0042)	.0034 (.0022)	4.310	<.001	1.048
Self activity	Self activity	.0142 (.0068)	.0176 (.0049)	-2.473	.021	0.571
	School	.0036 (.0020)	.0051 (.0017)	-3.324	.003	0.832
	Achievement	.0062 (.0034)	.0080 (.0024)	-2.529	.018	0.597
Physical state & functions	Physical state & functions	.0226 (.0093)	.0176 (.0046)	2.779	.010	0.689
	Body condition & symptom	.0157 (.0058)	.0115 (.0030)	3.805	.001	0.901
Experimental issues	Slang words	.0115 (.0065)	.0030 (.0012)	6.890	<.001	1.836
	Swear words	.0085 (.0071)	.0024 (.0011)	4.580	<.001	1.217

(김영준 외 2013: 3197)

일반 댓글에 비해, 악성 댓글은 감정과 정서적 범주, 긍정적 감정과 기분 보다는 화와 부정적 감정과 연관된 단어 사용 빈도가 유의미하게 높게 나타났다. 반면에 인지, 원인, 기대, 추측, 확신과 관련된 인지적 과정에 해당되는 사용량은 악성 댓글에서 낮게 나타났다. 또한, 학교와 자기활동, 성취와 관련된 부분에 있어서도 악성 댓글은 낮은 빈도를 보였다. 하지만, 사회적 과정과 가족과 연관된 단어 그리고 신체 상태와 증상, 속어, 욕설의 사용은 악성 댓글에서 유의미하게 높게 나타났다.

이러한 연구 결과를 바탕으로 김영준 외(2013) 연구자들이 기술한 악성 댓글의 특징을 요약해 보면 다음과 같다.

(1) 감정 또는 정서 처리 범주의 비율이 높다는 것은 악성 댓글을 쓸 때 분노와 같은 참을 수 없는 격정적 정서 상태에서 악성 댓글을 쓰는 것으로 해석할 수 있다.

(2) 사회적 과정과 자기 활동의 결과를 보면, 부모나 가족의 일원을 나타내는 단어들의 사용 빈도가 높지만, 스스로의 성취나 학교생활과 같은 자기 자신의 행동에 대한 언급이 적다는 것은 공부와 성공 등과 같은 자신의 발전적인 부분에 대한 관심보다는 사회 현상에 더 높은 관심을 보인다는 것을 알 수 있다.

(3) 악성 댓글에서 신체적 상태와 기능과 관련된 어휘 사용이 많다는 것은 실제로 성적인 신체 부위를 언급하여 불쾌감을 주거나 성적으로 공격하는 악성 댓글이 많음과 관련이 있다고 보았다.

6.3 성별

소셜 미디어 문장에 사용된 단어, 구, 대화주제 분석은 사람의 성격 뿐만 아니라 성별 분석에도 적용 가능하다. 성별과 연관된 언어특징에 관한 선행 연구들은 텍스트 메시지를 단어, 구, 문장 길이 등과 같은 요인으로 분류하여, 언어 사용에 있어 남성과 여성 중 어느 성별이 더 많은 빈도를 나타내는지 분석하였다.

Newman *et al.* (2008)은 LIWC 프로그램을 사용하여 14,000개의 텍스트를 분석한 결과를 바탕으로 남성과 여성 언어를 비교하였다. 연구 결과, 남성은 관사'a', 'an', 'the', 수량사'few', 'many', 'much'와 공간 단어'above', 'over'의 사용 빈도가 더 높게 나타났으며, 욕설swear word과 'X box'와 같은 사물 지시어를 더 많이 사용하였다.

또한 대화 주제로는 금전과 직업 등과 관련된 내용에 대해 주로 논의하는 경향을 보였다. 반면에, 여성은 인칭 대명사, 강의 부사'really', 'very', 'so'와 'love you', 'a heart'와 같은 감정적인 단어emotional words를 남성보다 더 자주 사용하였고, 대화 주제로는 가족과 사회적 상호작용과 관련된 단어를 더 많이 사용하였다.

성별과 관련된 다른 연구들에서도 언어 사용에 있어 성별 간 차이를 드러냈다(Mulac et al. 2001). 남성과 관련된 특징으로는 지시어'do this', 판단 형용사'good', 'stupid 그리고 위치와 양을 나타내는 단어를 여성보다 더 자주 언급하는 경향을 보였다. 이에 반해, 여성은 '얼버무림 말''seems', 'maybe', 'kind of', 문장의 길이가 긴 문장, 강의 부사와 감정을 언급하는 단어나 구가 남성보다 더 빈번하게 사용하였다고 보고하였다. Park et al. (2016)은 언어 사용에 있어 이러한 성별 간 차이를 나타내는 이유에 대해, 남성과 여성이 속한 다른 문화적 차이가 자신의 언어 사용에 반영된 결과라고 설명하였다.

> Mulac et al. compared the magnitude of gender differences to that of two cultures speaking the same language, suggesting that these features reflect a male culture that is direct, succinct, status-oriented, and object-focused, and a female culture that is indirect, elaborate, and person-focused(Park et al. 2016:2).

다음은 텍스트 메시지를 성별에 따른 단어, 구, 대화 주제로 나누어서 분석한 결과이다. 여성은 'husband', 'boyfriend'와 같은 단어를 많이 사용하였지만, 남성은 'my wife', 'my girlfriend'와 같은 구를 많이 사용하였다. 한 가지 흥미로운 점은 'wife', 'girlfriend' 단어 앞에 남성은 소유격 'my', 여성은 'her'와 함께 사용하는 경향을 보였다. 남성이 여성보다 소유격 'my'를 더 빈번하게 사용하는 이유에 대해 남성은 상대방 파트너에 대해 언급을 피하며, 여성보다는 남의 일에 관심을 덜 보이는 성향에 기인한 것으로 해석하였다(Schwatz et al. 2013).

남성과 여성은 폐쇄 어휘closed vocabulary 사용에서도 차이를 나타냈다. 가령, 여성은 'soo', 'sooo', 'ridiculously'처럼 강한 의미를 지닌 부사intensive adverb를 많이 사용하며, 사람들 간 사회적 관계를 나타내는 'sister', 'friends', 'boyfriend'와 같은 단어 그리고 'love', 'miss', 'thank you'처럼 감정과 연관된 단어나 구를 많이 사용하였다. 또한 남성에 비해 이모티콘 사용 빈도가 높게 나타났다.

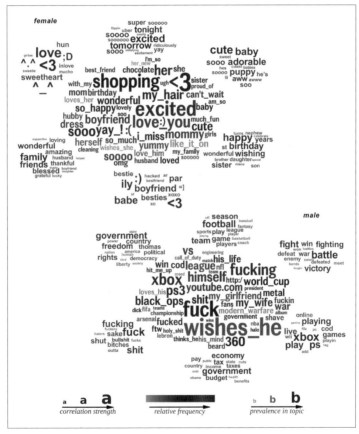

(Schwatz et al. 2013: 8)

[도표 6-3] 대화에 나타난 성별에 따른 단어, 구와 대화 주제 분석

남성인 경우에는, 욕설, 스포츠, 직업과 관련된 어휘 사용 빈도가 높았다. 예를 들면, 'video games', 'listening to music'처럼 특정한 활동과 연관된 어휘나 구를 자주 사용하였다. 그리고 'computers', 'media devices'와 같은 사물을 언급하는 단어와 구 이외에도, 시사 문제, 정치, 죽음, 폭력과 같은 민감한 주제와 관련된 단어를 많이 사용하였다.

이처럼, 남성 언어는 여성 언어와는 달리 긍정적인 감정 또는 긍정적 사회 관계를 나타내는 어휘를 훨씬 더 적게 사용하였으며, 비판적이며, 과격한 어휘를 사용하는 특징을 나타냄을 볼 수 있다.

다음 [표 6-3]과 [표 6-4]는 각각 상위 20개 남성과 여성과 관련된 어휘 범주와 효과 크기effect size를 나타낸 것이다.

[표 6-3] 남성과 연관된 상위 20개 대화 주제

Top male topics	d	95% CI
government, freedom, rights, country, thomas, political, democracy, liberty, america, power	-.47	(-45, -.48)
win, lose, gaming, losing, winning, bet, loose, loses, steak, wi	-.47	(-45, -.48)
battle, fight, victory, fighting, win, war, defeat, enemy, defeated, won	-.46	(-45, -.48)
shit, holy, fuck, fucking, piece, bull, load, fuckin, ton, outta	-.45	(-44, -.47)
football, team, season, game, play, players, league, sports, fantasy, player	-.45	(-44, -.47)
metal, music, band, rock, bands, heavy, listening, singer, songs, listen	-.42	(-40, -.43)
xbox, ps, play, playing. live, games, cod, online, wii, playin	-.41	(-39, -.43)
opinion, opinions, logic, based, political, fact, moral, beliefs, philosophy, argument	-.40	(-38, -.42)
world, cup, spain, win, england, fifa, germany, won, usa, final	-.40	(-38, -.42)
government, economy, tax, budget, pay, taxes, country, income, benefits, obama	-.39	(-37, -.41)
gun, guns, shot, shoot, shooting, range, barrel, loaded, shotgun, cracker	-.39	(-37, -.41)
album, cd, listening, songs, song, release, listen, itunes, albums, released	-.37	(-35, -.39)
music, sound, headphones, loud, bass, speakers, studio, hear, drum, volume	-.35	(-33, -.37)
death, die, dies, died, painful, dying, loss, slow, cab, funeral	-.34	(-33, -.36)
skills, management, business, learning, information, research, communication, engineering, development, technology	-.34	(-32, -.36)
american, british, accent, history, asian, america, russia, country, western, african	-.34	(-32, -.36)

computer, error, program, photoshop, server, properly, file, website, message, view	-.34	(-32, -.36)
guitar, play, playing, hero, bass, drums, learn, learning, acoustic, electric	-.34	(-32, -.35)
man, iron, chef, cave, flat, slave, tin, fist, properly, beg	-.34	(-32, -.35)
kill, kills, killed, murder, killing, die, swear, dead, alive, boredom	-.34	(-32, -.35)

(Park et al. 2016:10)

[표 6-4] 여성과 연관된 상위 20개 대화 주제

Top female topcis	d	95% CI
excited, tomorrow, tonight, soooo, sooo, super, yay, sooooo, uber, ridiculously	.63	(.61, .65)
happy, birthday, wishing, sister, years, wonderful, st, daughter, nephew, brother	.62	(.60, .64)
cute, baby, adorable, puppy, sooo, aww, soo, he's, soooo, awww	.55	(.53, .57)
〈3, :), ily, babe, boyfriend, par, besties, besite, =], xoxo	.53	(.51, .55)
family, friends, wonderful, blessed, amazing, thankful, loving, husband, grateful, lucky	.51	(.49, .53)
love, loved, truly, freely, shown, dearly	.50	(.48, .52)
:), :(, dayy, funn, soo, todayy, goood, alll, yayy	.49	(.47, .51)
shopping, christmas, grocery, clothes, xmas, online, shoppin, spree, lunch, mall	.48	(.46, .50)
love, sister, friend, world, beautiful, precious, sisters, thin, words, shared	.48	(.46, .49)
〈3, brandon, zach, amazing, jr, robert, boyfriend, heather, katie, mummy	.47	(.45, .48)
love, yo, adore, xoxo, admire, extraordinary, absolutly, genuine, entitled, mentioned	.46	(.45, .48)
〈3, : d, :), ;), amazing, xx, : p, :'), XXX, XXXX	.45	(.43, .47)
〈3, love, ^_^, ^.^, ; d, sweetheart, hun, inlove, mucho, girlies	.44	(.42, .46)
:), fun, haha, danielle, marie, hanging, sooo, soo, hahaha, hahah	.43	(.42, .45)
miss, dad, man, missing, girl, daddy, forever, boyfriend, show, husband	.43	(.41, .45)
sister, niece, nephew, loves, aunt, nieces, nephews, secrets, auntie, mother	.42	(.40, .44)
great, lunch, nice, dinner, family, enjoyed, church, wonderful, afternoon, sunday	.41	(.39, .43)
love, loving, jared, love's, haters, losers, enemies, secure, ing, supported	.41	(.39, .43)
day, wonderful, hope, great, blessed, beautiful, fantastic, filled, goodmorning, glorious	.41	(.39, .43)
house, family, mom, cousins, grandparents, dinner, cousin, grandma, parents, dad	.41	(.39, .43)

(Park et al. 2016: 10)

Park *et al.* (2016)은 성별 연구에서 널리 사용되는 친교 언어affiliative language 와 자기주장 언어assertive language인 대인 관계interpersonal dimension[3]에 따른 남성과 여성과 연관된 언어 주제에 대해 페이스북 사용자가 사용한 15,000개의 메시지를 분석하였다. 친교 언어인 경우에는 남성은 스포츠, 여성은 쇼핑과 같은 전형적인 성별을 묘사하는 주제들은 성별 효과 크기가 크게 나타났으나, 친교 정도는 매우 낮게 나타났다.

'great, job, guys' 등과 같은 어휘들은 친교도가 높으나, 성별 간 효과크기에서는 차이를 보이지 않았다. 여성은 친교 정도가 높은 'family, friends, wonderful' 등과 같은 단어들에서 효과 크기가 높음을 볼 수 있다. 반면에 남성은 친교 정도가 낮은 'shit, holy, fuck'와 같은 욕설과 관련된 어휘에서 효과 크기가 높게 나타났다.

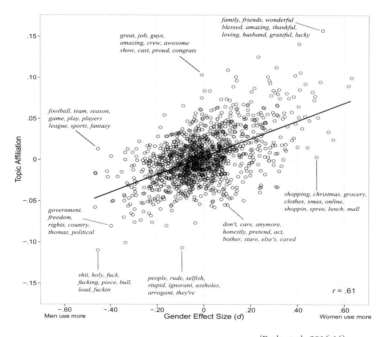

(Park et al. 2016:16)

[도표 6-4] 친교 언어 주제와 성별 간 효과 크기 관계

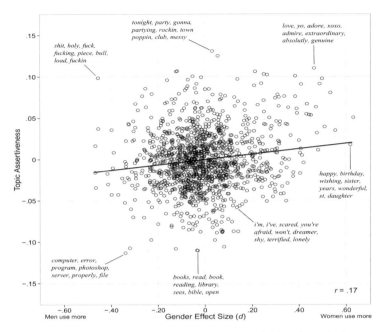

(Park et al. 2016:17)

[도표 6-5] 자기주장 언어 주제와 성별 간 효과 크기 관계

　자기주장 언어 주제인 경우에는, 남성은 'shit, holy, fuck'과 같은 욕설과 비판적인 어휘 사용이 많은 반면에, 여성은 'love, adore'와 같은 긍정적 감정을 표현하는 단어를 빈번하게 사용함을 볼 수 있다. 또한, 남성인 경우, 사물과 일반적인 주제는 자기주장 정도가 낮은 주제에 해당하였다. 따라서 자기주장 언어 사용에 있어서는 성별 간 상당한 차이를 나타냈지만, 친교 언어 사용에 있어서는 아주 미미한 차이를 보였다.

　Schwartz *et al.* (2013)은 소셜 미디어에서 사용된 성별 언어 연구는 새로운 관점에서 성별 간 언어 사용의 차이를 이해할 수 있다는 점에서 중요한 의의가 있다고 설명하였다.

2013년에 실시된 퓨 리서치 센터Pew Research Center의 설문 조사에 의하면, 2005년부터 2013년까지 18세 이상 성인을 대상으로 소셜 네트워킹 사이트를 사용한 사람들을 연령대별로 조사하였고, 그 결과 모든 연령층에서 인터넷 사용자의 수가 점점 증가하는 추세를 보였다. 연령대별로 인터넷 사용자 비율은 차이가 있었으나, 전 연령층에서 시간이 흐름에 따라 증가하는 경향을 보였다. 특히, 18~29세 연령층에서는 90%가 인터넷을 사용한다고 응답하였다.

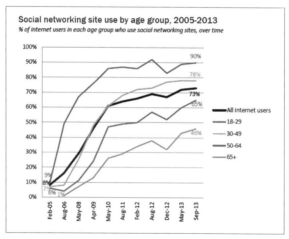

(Pew Research Center 2013 자료)

[도표 6-6] 연령 집단에 따른 소셜 네트워킹 사이트 사용자 퍼센트

오프라인에서 화자의 연령에 따른 어휘, 발음, 문법 사용에 있어서 차이를 나타낸 것처럼, 연령과 관련된 온라인상에서의 언어 분석 연구에서도 언어와 문체에 있어 연령에 따른 차이를 나타낸다고 보고하였다. 가령, 연령이 높은 사람들은 어린 사람들에 비해 부정적 의미를 내포한 감정 어휘보다는 긍정적 의미를 지닌 감정 어휘를 더 자주 사용하였다. 또한 자기 자신을 언급하는 단어인 'I'나 'me'와 같은 단어 사용은 선호하지 않았으며, 문체에서는

부정어를 덜 사용하는 경향을 보인다. [도표 6-7]는 페이스북에 사용된 문장을 화자의 연령에 따라 네 개의 집단으로 나누어서 연령에 따른 대화 주제와 어휘를 그래프로 나타낸 것이다.

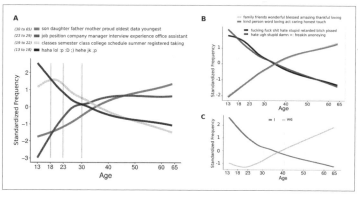

(Schwartz et al. 2013: 11)

[도표 6-7] 연령에 따른 페이스북 메시지에 나타난 어휘와 대화 주제 분석

[도표 6-7A]는 연령별로 많이 사용되는 어휘와 대화 주제를 분석한 것이다. 가장 낮은 연령인 13~18세 사이에 해당하는 집단은 다른 집단에 비해 속어, 이모티콘과 인터넷 용어를 훨씬 많이 사용함을 볼 수 있다. 19~22세 연령 집단은 'semester', 'college', 'register'와 같은 대학생활과 연관된 어휘 사용이 많았으며, 23~29세 연령 집단은 'at work', 'new job'과 같은 직장에 관련된 어휘와 'drunk', 'hangover', 'wasted'와 같은 음주에 관한 주제를 많이 언급하였다. 30~65세 연령 집단은 'daughter', 'my son', 'my kids', 'my family'와 같은 가족과 관련된 어휘를 많이 사용함을 볼 수 있다.

[도표 6-7B]는 'hate', 'stupid'와 같은 부정적인 어휘와 'fucking', 'shit', 'bitch'와 같은 욕설에 해당되는 어휘 사용이 13~18세 집단에서 가장 높게 나타나지만, 연령이 높아지면서 욕설의 사용 빈도가 줄어듦을 볼 수 있다. 반면 'kind', 'honest', 'loving'처럼 긍정적 의미를 내포하고 있는 감정 어휘와

'thankful', 'wonderful', 'family' 등과 같은 어휘 사용 빈도는 연령이 높아지면서 더 많아졌다. [도표 6-7C]는 대명사 'I'와 'We'사용에 있어서, 나이가 들면서 'I'의 사용은 줄어드는 대신에, 'we'의 사용 빈도가 증가함을 볼 수 있다.

[도표 6-8]은 [도표 6-7A]를 시각적으로 나타낸 것이다.

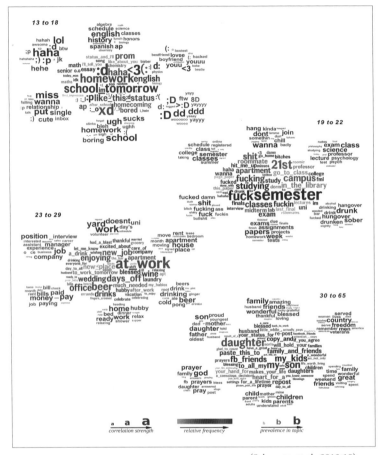

(Schwartz et al. 2013:10)

[도표 6-8] 연령별 대화에서 언급된 어휘 분석

이러한 연령에 따른 어휘 선택과 대화 주제를 통해 연령별로 관심이 있는 주제가 무엇인지 살펴볼 수 있고, 또한 온라인상에서의 대화 상대방의 연령에 대한 정보를 유추할 수 있다는 점에서 연구할 가치가 있다.

방언은 특정 지역 또는 사회 집단에 속한 사람들이 사용하는 언어 형태 또는 언어 변이를 일컫는다(Chambers & Trudgill 1998). 방언학 연구는 시간의 흐름에 따른 언어 사용의 차이, 언어 변화와 언어 변이를 이해할 뿐 아니라, 정보확산 유형과 문화적 해석을 제시하는데 도움이 된다(Di Nunzio 2013). 이 책에서는 방언에 따른 온라인 언어의 어휘 사용에 중점을 두어 설명하고자 한다.

일반적으로 언어 사용자가 해당 지역의 특징을 나타내는 특정 어휘를 사용해서 발화하는 경우, 청자는 상대방 화자가 어느 지역 출신이라는 사실을 쉽게 유추할 수 있다. 그렇다면, 소셜 미디어에서도 사람들은 지역 방언을 반영하는 어휘들을 사용하는가? 한 가지 예로 영어에서 2인칭 복수 대명사가 온라인상에서 어떻게 사용되는지 살펴보기로 하자.[4]

'yinz'는 Pittsburg 도시 주변에 있는 Pennsylvania주 남서부 사람들이 사용하는 2인칭 복수 '당신들you'형이다(Johnston et al. 2002). 'yinz'는 트위터 자료에서 1억 개의 단어 중에서 단지 2~300개의 메시지에서만 나타날 만큼 매우 드물게 사용되는 단어이다. 'yinz'가 사용되는 지역은 주로 [도표 6-9(a)]에서 볼 수 있듯이, Pittsburg에 집중되어 있다.

'yall'[5]은 2인칭 대명사의 교체형으로 주로 미국 흑인영어 뿐만 아니라 미국 남동부 지역에서 종종 사용된다(Green 2002). 'yall'은 대략 250개의 메시지당 한 번씩 나타날 만큼 비교적 자주 사용되는 단어이며, 'yinz'와 사용 빈도를 비교해 보면, 100배 이상 더 많았다. 그리고 'yall'은 [도표 6-9(b)]에서 볼 수 있듯이, 미국 남동부에서 뿐만 아니라 미국 서부 일부 지역에서도 사용됨을 볼 수 있다. 이는 'yinz'보다 'yall'을 사용하는 지역이 훨씬 넓다는 것을 나타내며, 이러한 형을 사용한다는 것은 소셜 미디어 사용자가 Pennsylvania주 또는 그 인근 지역에 거주함을 나타내는 지표가 된다.

또 다른 한 가지 예로 'hella'는 미국 남부 California 지역에서 사용되는 강의어intensifier이다(Bucholtz et al. 2007). 'hella'는 일반적으로 형용사와 부사를 강조할 때 사용된다. 가령, 'she is hella good'란 문장에서 'hella'는 'good'을 수식, 강조하는 강의어로 'very'의 의미를 지닌다. 강의어 'hella'는 'yinz'와는 달리, 메시지 천 개당 한 번씩 나타나며, 지역적 분포로는 미국 전역에 걸쳐 골고루 사용됨을 볼 수 있다. 특히 California 북부 지역에서 더 빈번하게 나타난다. 'jawn'은 원래는 Philadelphia에서 사용되었던 단어로 물건, 장소, 때로는 여성을 일컫는 속어이다(Alim 2009). 'jawn'의 사용은 주로 New Jersey와 New York 인근지역에 많이 집중되어 있음을 볼 수 있다([도표 6-9(d)]).

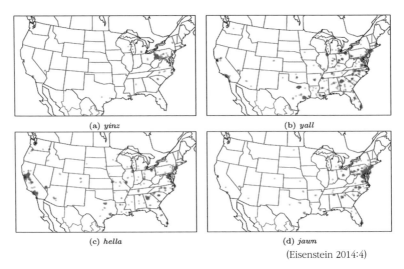

(a) *yinz*

(b) *yall*

(c) *hella*

(d) *jawn*

(Eisenstein 2014:4)

[도표 6-9] 구어 미국영어에 대한 네 개의 어휘 변수를 포함하고 있는
메시지에 대한 지리학적 분포 분석6

'hella'와 'yall'는 'jawn'과 'yinz'에 비해 지리학적으로 광범위한 사용 분포를 나타내기 때문에, 소셜 미디어 텍스트에서 방언 변이를 잘 반영하고 있는 것처럼 보이지 않는다. 그러나 'hella'와 'yall'은 미국 흑인영어Vernacular English 특징을 나타내는 단어이다. 이러한 인종적 방언ethnic dialect 특징을 나타내는 어휘 사용 분포가 미국 전역에 널리 퍼져있다는 사실은 아프리카계 인종이

사회언어학의 이해

특정 지역에 집중해 있지 않다는 점과 연관시켜 해석할 수 있다(Eisenstein *et al.* 2011; Green 2002).

다음은 소셜 미디어에서 사용된 네 개의 단어 'bogus, ard, Ibvs, odee'를 분석한 예로, 이러한 어휘 사용 역시 방언 변이를 보여준다. 'bogus'는 구어에서도 사용하는 단어로 'fake'의 의미를 지닌다. 나머지 세 개의 단어는 축약형이다. 즉, 'ard'는 'alright', 'Ibvs'는 'laughing but very serious' 그리고 'odee'는 'overdose'을 뜻하는 축약형 'od'의 음성 철자phonetic spelling를 나타낸다.

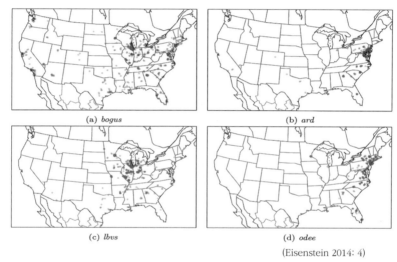

(Eisenstein 2014: 4)

[도표 6-10] 지역에 따른 'bogus', 'ard', 'Ibvs', 'odee'의 어휘 분포

'bogus'는 미국 중부 지역과 남부 일부 지역을 제외한 대부분의 지역에서 사용하며, 특히, 미국 New York, Boston 그리고 Chicago 인근 지역에서 많이 사용된다. 'ard'는 Massachusetts, New Hampshire와 Boston에서 주로 사용되지만, 'Ibvs'는 Chicago, Saint Louise와 Indiana 주변 지역에서 많이 사용함을 볼 수 있다. 'Ibvs'는 미국 동부, 서부, 중서부 지역에서는 거의 사용하지 않고, 시카고 인근 지역에서만 사용되는 독특한 특징을 보여준다.

반면에 'odee'는 Massachusets, NewHampshire, Boston과 Florida 지역에

서만 사용되며, 이 지역을 제외한 다른 지역에서는 전혀 나타나지 않음을 볼 수 있다. 이 네 개의 단어 중에서, 'bogus'를 제외한 다른 세 개의 단어의 사용 분포는 특정 지역에서만 사용되는 방언적 특징을 나타내는 지표라고 할 수 있다.

다음은 같은 대상을 언급하는 두 개의 단어로 구성된 어휘 변이lexical alternation에 대해 살펴보기로 한다. 예를 들면, '어머니'라는 대상을 일컫는 단어는 한국어로는 두 개의 단어 '엄마' 또는 '어머니'가 있다. 이 경우에, '엄마' 와 '어머니'는 '어머니'의 어휘 변이형이다. Yuan et al.(2016)은 2013년 10월 7일부터 2014년 10월 6일까지 1년 동안 미국 48개의 주와 Washington D.C 660만 트위터 사용자들이 사용한 지리정보가 태그된 924개 메시지와 78억 개의 단어를 분석하여 어휘 교체 현상을 관찰하였다. [도표 6-11]은 'mom'과 'mother'의 어휘 변이를 나타낸 지도이다.

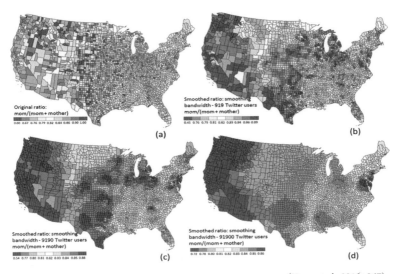

(Yuan et al. 2016: 247)

[도표 6-11] 'mom'과 'mother'의 어휘 변이를 나타내는 지도

[도표 6-11A]는 MVPmean-variant-preference 수치, [도표 6-11B]는 919명의

트위터 사용자 정보를 평활한 수치, [도표 6-11C]는 9,190명의 트위터 사용자 정보를 평활한 수치, [도표 6-11D]는 91,900명의 트위터 사용자 정보를 평활한 수치이다. 서쪽에 진하게 표시된 주에 거주하는 사람들은 '어머니'를 부를 때, 'Mom'을 사용하는 반면, 동쪽에 진하게 표시된 지역에 거주하는 사람들은 'Mother'의 사용을 더 선호함을 볼 수 있다.

[도표 6-12]는 영어 단어 'bag/sack', 'clearly/obviously', 'ill/sick'과 'dad/father'의 어휘 변이를 나타낸 지도이다. 각 단어의 변이형은 'mom/mother'와 마찬가지로 트위터 메시지에서 직접 추출하였다.

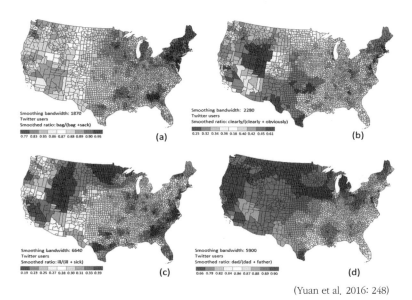

(Yuan et al. 2016: 248)

[도표 6-12] 영어 단어 'bag/sack', 'clearly/obviously', 'ill/sick', 'dad/father'의 어휘
변이를 나타내는 지도

[도표 6-12(a)]는 'bag/sack'의 어휘 변이를 나타낸 것이다. 미국 북동부 지역 사람들이 남부 지역 사람들보다 'sack'보다는 'bag'의 사용 빈도가 더 높음을 볼 수 있다. 'clearly/obviously'인 경우, 동부 지역에서는 'clearly'를, 서부 지역에서는 'obviously'를 더 많이 사용하였다([도표 6-12(b)]).

'ill/sick' 변이에서는 북부 지역에서는 'sick'을, 남부 지역에서는 'ill'을 더 빈번하게 사용함을 나타내었다([도표 6-12(c)]). 'dad/father' 어휘 교체의 경우는 'mom/mother'에서와 마찬가지로, 서부와 중부의 진하게 표시된 지역에 거주하는 트위터 사용자들은 'father'보다는 'dad'를 선호하여 사용하는 반면, 동부 지역의 진하게 표시된 주에 거주하는 사용자들은 'father'를 더 많이 사용하였다([도표 6-12(d)]).

'mom/mother', 'bag/sack', 'clearly/ obviously', 'ill/sick'과 'dad/father'와 같은 어휘 교체 현상에 대한 연구는 트위터 사용자들이 특정 주와 연관이 있음을 나타내는 방언 지표라 할 수 있다.

6.6 축약형

축약형Abbreviations은 컴퓨터 매개 의사소통시대 이전에는 쓰기에 많이 사용되지 않았다. 물론 화자들 간 의사소통의 편의를 위해서, 'as soon as possible'은 'ASAP'로, 'by the way'는 'BTW'와 같은 축약형을 사용하기도 한다. 이러한 축약형의 사용은 소셜 미디어에서 사람들은 최소의 노력으로 최대의 의미를 전달하기 위해 많이 사용한다. 따라서 온라인상에서 사용되고 있는 축약형의 의미를 정확히 알지 못한다면, 사용자들 간 의사소통을 원활하게 하는데 방해가 됨으로, 축약형에 대한 이해는 필요하다. 축약형은 단어, 구와 숙어를 줄여서 사용하며, 보통 명사, 동사, 형용사, 전치사처럼 다양한 품사와 숙어 등에서 나타난다.

다음은 영어에서 사용되는 축약형의 예이다. 소셜 미디어 텍스트에서 사용되는 일부 축약형 또한 사용자의 출신 지역을 나타내는 지역적 특성을 나타내기도 한다.

[표 6-5] 영어 축약형의 예

범주	원문	약어	뜻
명사	you	u	너
	night	nite	밤
	tomorrow	2mro	내일
	people	ppl	사람들
	mate	m8	짝, 친구
	message	msg	메시지
	brother/sister	bro/sis	남자형제/여자형제
동사	Thanks	THX	고마워
	see	c	~을 보다
	love	luv	사랑해
	wait	w8	기다리다
	are	r	~ 이다
	have	hav	가지다.
숙어	Oh My God/Gosh	OMG	세상에!
	be right back	BRB	금방 돌아올께.
	of course	OFC	물론, 당연
	Long time no see	LTNS	오랜 만이야
	take care	tc	건강해
	laugh out loud	lol	크게 웃다
전치사 및 형용사	with	wid	~와 함께
	because	cuz	왜냐하면
	please	plz	제발
	at	@	~에
	great	gr8	훌륭한

다음 [도표 6-13]은 시간에 따른 축약형 'af', 'ard', 'ion', 'lbvs', 'ctfu', '-_-' 사용 변화와 축약형 사용의 지리적 위치를 나타낸 것이다.

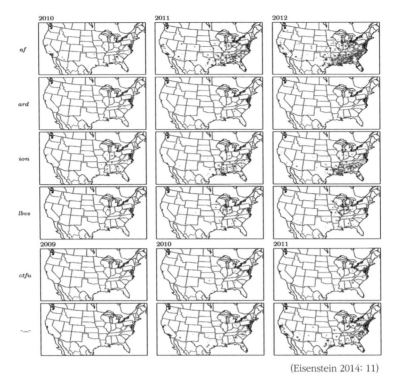

(Eisenstein 2014: 11)

[도표 6-13] 지역에 따른 단어 'af'(as fuck), 'ard'(alright), 'ion'(I don't), 'lbvs'(laughing but very serious), 'ctfu'(cracking the fuck up), and the emoticon '-_-'(ambivalence or annoyance)를 포함하는 메시지 분석

'as fuck'을 나타내는 'af'는 2010년에는 남부 California와 Atlanta 주에서 주로 사용되었으나, 2012년에는 많은 인기를 얻어 미국 전역에서 사용되었다. 'I don't'을 나타내는 'ion'은 2010년에 남부 일부 도시에서만 사용되었으나, 2012년에는 남부 지역 전역에서 나타났다.

축약형 'lbvs'laughing but very serious는 2010년에는 Chicago 지역에서만 사용되었으나, 2012년에 이르러서는 Detroit와 Cleveland 인근 도시를 제외한 중서부 지역에서도 유행하기 시작하였다. 애매함과 성가심을 뜻하는 이모티콘 '-_-'은 2009년에는 해안가 일부 주변 도시에서 많이 사용하였고, 2010년에는 대부분 해변가 주변 도시에서 그리고 2011년에 이르러서는 중부와 중서부 지역을 제외한 지역에서 사용하였다.

이러한 예들은 새로운 언어 특징이 인근 도시로 퍼져나가는 언어 변화의 중심 모델gravity model임을 뒷받침해 주는 증거가 된다(Trudgill 1974). 그러나 모든 축약형이 확산되어 사용되는 것은 아니다. 가령, 'ctfu'cracking the fuck up 는 Cleveland에서 Pennsylvania 인근 도시 그리고 Pennsylvania에서 Atlanta 해변도시로는 확산되었으나, Detroit와 Chicago 대도시까지는 확산되지 못하였음을 보여준다. 또한 'alright'을 뜻하는 'ard'인 경우는 시간이 흐름에 따라 이 축약형을 사용하는 지역이 오히려 더 적어지는 경향을 나타낸다.

이제 오프라인에서 축약형의 사용은 사회적 규범social norm이 되고 있는 추세다. 트위터에 사용된 메시지의 예에 대해 살펴보도록 하자. 트위터는 메시지의 간결성을 유지하기 위해 메시지 당 140자로 수를 제한하여 사용한다 (Wagner 2017).[7] 짧은 글자를 이용하여 가능한 많은 의미를 전달하기 위해 속기 언어shorthand language, 축약형, 해시태그hashtag를 만들어 사용한다. 트위터 사용자들에게 있어 가장 중요한 점은 가능한 적은 단어를 사용하여 자신이 하고 싶은 말을 최대한 정확하게 전달하는 것이며, 이는 언어의 경제성과도 부합된다.

이러한 축약형의 사용은 사용자들로 하여금 메시지를 작성하는 시간과 노력을 줄여주는 편리한 면도 있지만, 상황에 따른 적절한 사용이 요구된다. 가령 비공식적인 상황informal setting에서의 e-mail 또는 SNS 메시지에서 축약형의 사용은 딱딱한 분위기가 아닌 부드럽고 편안한 분위기를 조성할 수 있다는 면에서 순기능이 있다.

하지만 학교 과제를 하거나 또는 중요한 비즈니스 관계가 있는 사람들과 메시지를 주고받는 경우에 지나친 축약형의 사용은 과제에 대한 신뢰성, 진지함과 무게감을 떨어뜨리게 한다. 따라서 축약형 사용이 작성자에게 시간과 노력의 절약이라는 측면에서 경제적일 수 있지만, 상황에 따라 적절하게 사용할 필요가 있다.

과학 기술의 발달과 함께, 대중 매체에 노출이 많은 사람일수록 올바른 스펠링spelling을 사용하는데 있어 점점 주의를 덜 기울이는 경향을 나타낸다. 오히려, 철자를 올바르게 사용해야 한다는 인식보다는 서로 의사소통이 가능한 범위 내에서 오철자misspelling의 사용이 점점 용인되는 분위기이다.

이 중에서, 소셜 미디어는 스펠링 오기의 중심이 되고 있다. 스펠링 오기가 서로 의사소통을 하는데 아무런 문제가 없다면, 커다란 문제가 되지 않는다. 하지만 쓰기에 있어 스펠링 사용의 오류는 완전히 다른 의미를 나타내는 경우도 있으므로 주의를 기울여야 한다.

다음은 스펠링 오류를 나타내는 몇몇 예들이다.

(A) 'exit'에 's'가 더해진 예

(B) 'exit'에 's'가 더해진 예

(C) 'Donuts'에 'g'가 더해진 예

(D) accident prone area: 우범지역

(E) 'fined'가 'fine'으로 오기   (F) 'prosecuted'이 'prostituted'로 오기

[도표 6-14] 스펠링 오류의 예[8]

이처럼 스펠링 오류로 인해 의도된 뜻이 아닌 다른 의미가 전달되는 경우, 상대방 뿐 아니라 자기 자신 또한 난처한 상황에 놓일 수 있기 때문에 정확한 철자 사용에 주의를 기울여야 한다.

❶ 여러분이 가지고 있는 물건에서 발견한 스펠링 오기 또는 SNS 메시지 대화에서 단어나 철자 오기로 인해 발생한 해프닝에 대해 서로의 경험담을 공유해 보시오.

❷ 온라인상에서 처음 만난 사람과의 메시지를 통해, 연령, 성별, 성격, 지역과 같은 상대방의 배경에 대해 추측할 수 있는 어휘, 문법 사용 등에 대해 구체적인 예를 들어 설명해 보시오.

❸ 온라인 언어 사용이 실제 대면 상황에서 말하는 방식에 어떠한 영향을 끼치는지 설명해 보시오.

❹ 다음 사진에 나타난 오류를 찾아 설명해 보시오.[9]

(A)

(B)

(C)

(D)

(E)

(F)

(G)

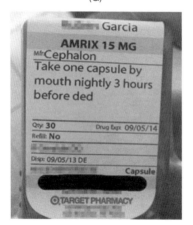

(H)

Notes:

¹ Social media language varies by age(Kern *et al*., 2014; Pennebaker & Stone, 2003) and gender(Huffaker & Calvert, 2005). Twitter may have a male bias(Mislove et al., 2011), while social media in general skew towards being young and female(Pew, 2014).

2 최근에 많이 사용되고 있는 감정 언어를 분석하는 프로그램은 다음과 같다.

Analysis category		Related work	Korean version	Download
LIWC	Linguistic Processes Psychological Processes Person Concerns Spoken categories (LIWC 2007) (68 word categories of different types corresponding to meaningful psychological and linguistic constructs, along with a list of words belonging to each category) Category table: http://liwc.net/descriptiontable1.php	Dodds and Danforth 2009 (Blogs, Speeches, Songs, Exploratory)	O	http://www.liwc.net/ -Korean version : http://k-liwc.ajou.ac.kr/
		Kramer 2010 (twitter, Life satisfaction answers)		
		Facebook data team 2010 (http://www.facebook.com/. notes/facebook-data-team/whats-on-your-mind/477517358858)		
POMS	mood analysis Tension-Anxiety Depression-Dejection Anger-Hostility Vigor-Activity Fatigue-Inertia	Bollen et al 2010 (twitter, Stocks, politics)	O	http://www.mhs.com
		Tumasjan et al (LCWSM 2010, twitter, Elections)		
Opinion Finder	positive vs. negative mood from text content	O'connor et al (ICWSM 2010, Opinion Polls)	X	http://www.cs.pitt.edu/ mpqa/ opinionfinderrelease/
		Johan Bollen(2010)		
G-POMS (Google-POMS)	6 dimensions (Calm, Alert, Sure, Vital, Kind, and Happy)	Johan Bollen(2010)	X	
Google N-gram	N-gram model (http://en.wikipedia.org/wiki/ N-gram)	Johan Bollen(2010) (http://arxiv.org.PS cache/ arxiv/pdf/1010/1010.3003v1.pdf)	O	http://www.ldc.upenn.edu/ -Korean version : Korean Telephone Conversations lexicons

3 "The prominence of the dimensions of affiliation and assertiveness in language research follows a long history of describing interpersonal behavior and judgments along similar dichotomies: communion and agency, love and dominance, and compassion and assertiveness. For simplicity, we refer to these dimensions as affiliation and assertiveness, but acknowledge that similar concepts have gone by many names. Depue and Morrone-Strupinsky described trait affiliation as a tendency towards "enjoying and valuing close interpersonal bonds and being warm and affectionate" …. Assertivness reflects a tendency towards "dominance, ambition, mastery, and efficacy that is manifest in interpersonal context". (Park et al. 2016: 10-11)

4 2인칭 복수대명사에 관한 설명은 Boberg et al. (2018: 371)의 설명을 요약한 것임.

5 'yall'은 'y'all'로도 쓰인다.

6 'yinz'는 535개의 예 그리고 나머지 세 개의 단어는 1,000개를 임의로 선택한 예를 나타낸 것이다.

7 Wagner, K. (2017 September 26). Twitter is testing a big change: Doubling the length of tweets from 140 to 280 characters.

"Twitter's iconic 140-character limit for tweets may be on the way out. In the hope that it will encourage more people to post, Twitter is doubling the number of characters that some users get for a tweet. The test means that a small group of Twitter users will now get 280 characters per tweet instead of the traditional 140 characters. Twitter's character limit is a holdover from the app's early days when tweets were sent as texts, which were limited to 160 characters. It has since become one of the product's defining characteristics."

(Retrieved from https://www.recode.net/2017/9/26/16364002/twitter-longer-tweets-character-limit-140-280)

8 이미지 출처:

(A)
https://me.me/i/are-you-sure-you-want-to-exist-no-yes-none-c30c18ec69ed4a10bec9351bdc87e249

(B)
https://www.reddit.com/r/funny/comments/3ucktf/parking_fee_just_gotten_real/

(C)-(F):
http://www.dailymail.co.uk/femail/article-4113368/Illegally-parked-cars-fine-Hilarious-photos-capture-unfortunate-spelling-mistakes-signs-new-meaning.html

9 http://www.dailymail.co.uk/femail/article-4113368/Illegally-parked-cars-fine-Hilarious-photos-capture-unfortunate-spelling-mistakes-signs-new-meaning.html

참고문헌

김병춘 & 박일환. 2014. 「재미있는 날씨와 기후 변화 이야기」. 서울: 가나출판사.

김영준, 김영일, 김경일. 2013. 인터넷 악성 댓글과 일반 댓글의 언어적, 심리적 특성 비교 연구. 「한국자료분석학회」 15(6): 3191-3201.

김한영. 2013. 「모든 언어를 꽃피게 하라」. 서울: 모멘토.

민현식. 1997. 국어 남녀 언어의 사회언어학적 특성 연구. 「사회언어학」 5(2): 529-587.

민현식. 2003. 국어 문법과 한국어 문법의 상관성. 「한국어교육」 14(2): 107-141.

박덕유. 2008. 사회언어학적(社會言語學的) 관점에서 본 대학생(大學生)의 의식변화 고찰-은어(隱語)와 속어(俗語)를 중심으로. 「새국어교육」 80: 515-544.

박승혁. 2007. 영어의 비속어와 완곡 표현에 대한 소고. 「영미어문학」 84: 143-166.

박영순. 2001. 「한국어의 사회 언어학」. 서울: 한국문화사.

석진주. 2011. 「한국어 교육용 완곡 표현연구」. 경희대학교: 석사학위논문.

안경화. 2001. 속담을 통한 한국 문화의 교육방안. 「한국어교육학」 12-1:143-163.

여상필. 2003. 「미국영어음성학」. 대구: 대구가톨릭대학교 출판부.

이수미. 2005. 속담의 언어적 가치. 「불어불문학연구」 64: 729-730.

이익섭. 1994. 「사회 언어학」. 서울: 민음사.

전혜영. 2004. 남자와 여자의 언어, 어떻게 다른가. 「새국어생활」 14(4): 25-43.

정동빈. 1981. 「영어학: 그 역사, 이론과 응용」. 서울: 한신문화사.

정인호. 2003. 평북방언에서의 'ㅈ, ㅅ'의 음 변화. 「한국문화」 31: 23-47

조현용. 2017. 「한국어, 문화를 말하다: 한국어 문화언어학 강의」. 서울: 하우.

지인영. 1999. 영어속담과 한국 속담에 나타난 생활문화 비교. 「한국체육대학교 교양교육 논문집」 4: 111-123.

최창렬. 1999. 「우리 속담 연구」. 서울: 일지사.

Abercrombie, D. 1967. *Elements of General Phonetics*. Edinburgh: Edinburgh University Press.

Alias, A. B. 2016. Wilhelm Von Humboldt: A Critical Review on His Philosophy of Language, Theory and Practice of Education. *Journal of Creative Writing* 2(2): 21-29.

Alim, H. 2009. Hip hop nation language. In *Linguistic Anthropology*: A Reader. (Ed.), Duranti, A. pp. 272-289. Malden: Wiley-Blackwell.

ALLAN, K., & BURRIDGE, K. 1991. *Euphemism and Dysphemism: language used as shield and weapon*. Oxford: Oxford University Press.

Aranoff, M. & Rees-Miller. J. 2003. *The handbook of Linguistics*. Blackwell publisher: Oxford.

Bailey, C. 1973. *Variation and Linguistic Theory*. Arlington: Center for Applied Linguistics.

Bailey, G. 2001. The relationship between African American Vernacular English and White Vernaculars in the American South: A sociocultural history and some phonological evidence, In *Sociocultural and Historical Contexts of African American English, Varieties of English Around the World*. (Ed.), Lanehart, Sonja. pp. 53-92. Amsterdam: John Benjamins Publishing Company.

Bani Mofarrej, Omar Mohammad and Al-Abed Al-Haq, Fawwaz. 2015. A Sociolinguistic Study of Euphemistic Death Expressions in Jordanian Arabic. *Arab World English Journal* 6(2): 110-130.

Barke, A. 2000. The Effect of Age on the Style of Discourse among Japanese Women. *Proceedings of the 14th Pacific Asia Conference on Language, Information and Computation*: 23-34.

Baxter, J. 2010. *The Language of Female Leadership*. Basingstoke: Palgrave Macmillan.

Belahcen, A., & Ouahmiche, G. 2017. An Investigation of Language Variation and Change Among Three Age-Groups: A Case Study. *International Journal of Language and Linguistics* 5: 24-35.

Biber, D. 1988. *Variation across Speech and Writing*. Cambridge: Cambridge University Press.

Boberg, C., Nerbonne, J., & Watt, D. 2018. *The Handbook of Dialectology*. Malden: Wiley-Blackwell.

Brown, P., & Levinson, S. 1978. Universals in Language Usage: Politeness

Phenomena. In *Questions and Politeness: Strategies in Social Interaction.* (Ed.), Goody, E. pp. 56-310. Cambridge: Cambridge University Press.

Bucholtz, M., Bermudez, N., Fung, V., Edwards, L., & Vargas, R. 2007. Hell Nor Cal or Totally So Cal? The Perceptual Dialectology of California. *Journal of English Linguistics* 35(4): 325-352.

Byram, M., Morgan, C., & Colleagues. 1994. *Teaching and Learning Language and Culture.* Great Britain: WBC.

Campbell-Kibler, K. 2011. *Background of (ING): Literature and pilot study*: 21-54.

Chambers, J. 1995. *Sociolinguistic Theory.* Oxford: Blackwell.

Chambers, J. 2002. Patterns of Variation including Change. In *The Handbook of Language Variation and Change.* (Eds.),. Chambers, J., & Schilling, N. pp. 358-361, Malden: Wiley-Blackwell.

Chambers, J., & Trudgill, P. 1998. *Dialectology.* Cambridge: Cambridge University Press.

Chambers, J., & Schilling, N. 2018. *The Handbook of Language Variation and Change.* Malden: Wiley-Blackwell.

Chen, L. 2006. *An Introduction to Linguistics.* Jilin: Jilin University Press.

Coates, J. 1985. Some problems in the sociolinguistic explanation of sex differences. *Language and Communication* 5(3): 143—l51.

Coates, J. 2016. *Women, Men and Language.* New York: Routledge.

Coulmas, F. 2003. *The Handbook of Sociolinguistics.* Oxford: Blackwell Publishers.

Crystal. D. 1987. *The Cambridge Encyclopedia of Language.* Cambridge: Cambridge university press.

Dai, W., & He, Z. 2010. *A New Concise Course in Linguistics for Students of English.* Shanghai: Shanghai Foreign Language Education Press.

Eckert, P. & McConnell-Ginet, S. 2003. *Language and Gender.* Cambridge: Cambridge University Press.

Eckert, P. 1997. Age as a Sociolinguistic Variable. In *The Handbook of Sociolinguistics.* (Ed.), Coulmas, F., pp. 151-167. Oxford: Blackwell.

Eisenstein, J. 2014. Identifying regional dialects in online social media. *Proceedings of SPIE-The international Society for Optical Engineering*:1-15.

Elmes, D. 2013. The Relationship between Language and Culture. 「鹿屋体育大学学術研究紀要」46: 11-18.

Finegan, E. 2004. *Language: Its Structure and Use.* Massachusetts: Thomas

Wadsworth.

Fishman, J. A. 1980. Prefatory Notes. In *Languages in Contact and Conflict*. (Ed.), Nelde, P. Wiesbaden: Steiner.

Fishman, Joshua A. 1972. *The sociology of language; an interdisciplinary social science approach to language in society*. Rowley: Newbury House Publishers.

Flotow, L. 2004. *Translation and Gender*. Shanghai: Shanghai Foreign Language Education Press.

Garden-Chloros, P. 2009. *Code-Switching*. Cambridge: Cambridge University Press.

Giddens, A. 1989. *Sociology*. Cambridge: Polity Press.

Green, L. 2002. *African American English: A Linguistic Introduction*. Cambridge: Cambridge University Press.

Gumperz, J. 1982. *Discourse Strategies*. Cambridge: Cambridge University Press.

Halliday, M. 1975. *Learning how to mean*. London: Edward Arnold.

Halliday, M., Teubert, W., Yallop, C., & Čermáková, A.. 2004. *Lexicology and Corpus Linguistics*: An Introduction. London: Continuum.

Hamers, J., & Blanc, M. 2000. *Bilinguality and Bilingualism*. Cambridge: Cambridge University Press.

Hanafiyeh, M., & Afghari, A. 2014. Gender differences in the Use of Hedges, Tag Questions, Intensifiers, Empty Adjectives, and Adverbs: A Comparative Study in the Speech of Men and Women. *Indian Journal of Fundamental and Applied Life Sciences* 4: 1168-1177.

Hergenhahn, B., & Henley, T. 2014. *An Introduction to the History of Psychology*. Wadsworth: Cengage Learning.

Hockett, C. 1955. *A Manual of Phonology*. Bloomington: Indiana University.

Hoffmann, C. 1991. *An Introduction to Bilingualism*. London: Longman.

Holmes, J. 1987. Hedging, fencing and other conversational gambits: An analysis of gender differences in New Zealand speech. In *Women and Language in Australian and New Zealand Society*, (Ed.), Pauwels, A. pp. 59-69. Sydney: Australian Professional Publications.

Holmes, J. 2001. *An Introduction to Sociolinguistics*. (2nd ed.). London: Longman.

Holmes, J. 2013. *An Introduction to Sociolinguistics*. (4th ed.). London: Pearson.

House, J., & Kasper, G. 1981. Politeness markers in English and German. In

Conversational Routine, ed. Coulmas, F. pp. 157-185. The Hague: Mouton.

Hudson, J. 2014. *Dialect in Film and Literature*. Palgrave: Macmillan.

Hudson, R & Holloway, A. 1977. Variation in London English. *Final Report to the Social Sciences Research Council*. London: Department of Phonetics and Linguistics, UCL.

Hudson. R. 1996. *Sociolinguistics*. New York: Cambridge University Press.

Jaber, R. 2013. *Gender and Effects on Lexical Choice in the Baghdadi Speech Community: A Cognitive Sociolinguistic Analysis*. Doctoral Dissertation: University Utara Malaysia.

Jacewica, E., Fox, R,, & Salmons, J. 2011. Cross-generational vowel change in American English. *Language Variation and Change* 23: 45-86.

Jamshidi, A & Navehebrahim, M. 2013. Learners use of code switching in the English as a foreign language classroom. *Australian Journal of Basic and Applied Sciences* 7(1): 186-190.

Jiang, H. 2011. Gender difference in English intonation. *Proceedings of ICPhS* 2011: 974-977. Hong Kong.

Jinyu, D. 2014. Study on Gender Differences in Language Under the Sociolinguistics. *Canadian Social Science* 10(3): 92-96.

Johnston, B., Bhashin, N., & Wittofski, D. 2002. "Dahntahn" Pittsburgh: Monophthongal /aw/ and representations of localness in southwestern Pennsylvania. *American Speech* 77: 148-166.

Joos, M. 1962. *The Five Clocks*. Bloomington: Indiana University Research Center in Anthropology, Folklore, and Linguistics.

Kaur, J., & Narang, V. 2015. Variation of pitch and formants in different age group. *International Journal of Multidisciplinary Research and Modern Education* 1(1): 517-521.

Kay, P., & Kempton, W. 1984. What is the Sapir-Whorf hypothesis?. *American Anthropologist* 86: 65-79.

Kortmann, B. 2005. *English Linguistics: Essentials*. Berlin: Cornelsen verlag.

Kramsch, C. 1993. *Context and Culture in Language Teaching*. Oxford: Oxford University Press.

Labov, W. 1966. *The social stratification of English in New York City*. Cambridge: Cambridge University Press.

Labov, W. 1972. *Sociolinguistic patterns*. Oxford: University of Pennsylvania Press.

Labov, W. 1991. The three dialects of English. In *New ways of analyzing sound change*. (Ed.), Eckert, P. San Diego: Academic Press.

Labov, W. 2001. *Principles of Linguistic Change. Volume* 2: Social factors. Oxford: Blackwell.

Lakoff, R. 1975. *Language and Women's Place*. New York: Harper & Row.

Macaulay, R. 1977. *Language, Social Class, and Education*. Edinburgh: Edinburgh University Press.

McArthur, T. 2005. *The Concise Oxford Companion to the English Language*. Oxford: Oxford University Press.

Mehl, M., Gosling, S., & Pennebaker, J. 2006. Personality in its natural habitat: Manifestations and implicit folk theories of personality in daily life. *Journal of Personality and Social Psychology* 90: 862-877.

Mongtomery, M. 1995. *An Introduction to Language and Society*. New York: Routledge.

Mulac, A., Bradac, J., & Gibbons, P. 2001. Empirical support for the gender-as-culture hypothesis: An intercultural analysis of male/female language differences. *Human Communication Research* 27: 121-152.

Newman, M. Groom, C., Handelman, L., & Pennebaker, J. 2008. Gender Differences in Language Use: An Analysis of 14,000 Text Samples. *Discourse Processes* 45: 211-236.

Nichols, P. 1983. Black and White Speaking in the Rural South: Difference in the pronominal System. *American Speech* 58: 201-215.

O'Grady, W., Dobrovolsky, M., & Aronoff, M. 1991. *Contemporary Linguistics: An Introduction*. New York: St. Martin's Press.

Park, G., Yaden, D. Schwartz, H., Kern, M., Eichstaedt, J., Kosinski, M., Stillwell, D., Ungar, L, H., & Seligman, M. 2016. Women are Warmer but No Less Assertive than Men: Gender and Language on Facebook. *PLOS ONE* 11(5): 1-26.

Peersman, C., Daelemans, W., Vandekerckhove, R., Vandekerckhove, B., & Vaerenbergh, L. 2016. The Effects of Age, Gender and Region on Non-standard Linguistic Variation in Online Social Networks. *The Computing Research Repository*: 1-24.

Pennebaker, J., & King, L. 1999. Linguistic styles: Language use as an individual difference. *Journal of Personality and Social Psychology* 77(6): 1296-1312.

Qi, G. 2010. Cultural Differences in Chinese and English Euphemisms. *Cross-Cultural Communication* 6(4): 135-141.

Radford, A., Atkinson, M., Birtain, D. Clahsen, H., & Spencer, A. 1999. *Linguistics: An introduction*. Cambridge: Cambridge University Press.

Romaine, S. 1988. *Pidgin and Creole languages*. London: Longman.

Romaine, S. 2000. *Language in Society* (2nd ed.). Oxford: Oxford University Press

Sankoff, G., & Cedergren. H. 1971. Some results of a sociolinguistic study of Montreal French. In *Linguistic Diversity in Canadian Society*. (Ed.), Darnell, R. pp. 61-87. Edmonton: Linguistic Research, Inc.

Schwartz, H., Eichstaedt, J., Kern, M., Dziurzynski, L., Ramones, S., Agrawa, M., Shah, A., Kosinski, M., Stillwell, D., Seliegman, M., & Ungar, L. 2013. Personality, Gender, and Age in the Language of Social Media: The Open-Vocabulary Approach. *PLOS ONE* 8(9): 1-16.

Sebba M. 1997. *Contact Languages. Pidgins and Creoles*. New York: St. Martin's Press, INC.,

Siegel, J.. 2010. *Second Dialect Acquisition*. Cambridge: Cambridge University Press.

Song, Y., & Andrews, S. 2009. *The L1 in L2 learning-Teachers' beliefs and practices*. München: Lincom.

Tagliamont, S., & D'Arcy, A. 2009. Peaks Beyong Phonology: Adolescence, Incrementation, and Language Change. *Language* 85(1): 58-108.

Tannen, D. 1990. You *just don't understand: Women and men in conversation*. New York: William Morrow & Co..

Tausczik, Y., & Pennebaker, J. 2010. The psychological meaning of words: Liwc and computerized text analysis methods. *Journal of Language and Social Psychology* 29(1): 24-54.

Terrell, T. 1981. Diachronic reconstructions by dialect comparison of variable constraints: s-aspiration and deletion in Spanish. In *Variation Omnibus*. (Eds.) Sankoff, D., & Cedergren, H. pp. 115-124. Cabondale, IL: Linguistic Research Inc.

Thomas, C. 1947. *An Introduction to the Phonetics of American English*. New York: Ronald Press Company.

Tilley, J., & Bailey, G. 2003. Approaches to Real Time in Dialectology and Sociolinguistics. *World Englishes* 22(4): 351-365.

Trask, R., & Stockwell, P. 2007. *Language and Linguistics: The Key Concepts*. Abingdon, Oxon: Routledge.

Trudgill, P 1983. *On Dialect: Social and Geographical Perspectives*. Oxford:

Blackwell.

Trudgill, P. 1974. Linguistic change and diffusion: Description and explanation in sociolinguistic dialect geography. *Language in Society* 3(2): 215-246.

Trudgill, P. 1974. *The Social Differentiation of English in Norwich*. Cambridge: Cambridge University Press.

Trudgill, P. 1996. Dialect Typology: Isolation, Social Network and Phonological Structure." In *Towards a Social Science of Language*. (Ed.), Gregory Guy *et al.* pp. 3-21. Amsterdam: Benjamins.

Trudgill, P. 1972. Sex Covert Prestige and Linguistic Change in the Urban British English of Norwich. *Language in Society* 1:179-95.

Trudgill, P. 1998. *The dialects of English*. Oxford: Blackwell.

Turell, M. 2003. Apparent and real time in studies of linguistic change and variation. *Noves SL. Revista de Sociolingüística*: 1-10.

Upton, C., & Widdowson, J. 2006. *An Atlas of English Dialects*. London: Routledge.

Vandeputte, D. 2016. *Language variation and gender throughout the 20th century. A historiographical study*. Universiteit Gent: MA thesis.

Wald, B., & T. Shopen. 1981. A Researcher's Guide to the Sociolinguistic Variable(ING). In *Style and Variables in English*. (Eds.), Timothy Shopen, T., & Williams, S. pp. 219-249. Cambridge: Winthrop.

Wardhaugh, R. 1986. *An Introduction to Sociolinguistics*. New York: Blackwell.

Wardhaugh, R. 2001. *An Introduction to Sociolinguistics*. Oxford: Blackwell.

White, A. 2003. Women's Usage of Specific Linguistic Functions in the Context of Casual Conversation: Analysis and Discussion.

Whorf, B. 1956. *The Hopi Language*. Chicago: University of Chicago Library.

Wolfman, W. 1969. *A Sociolinguistic Description of Detroit Negro Speech*. Washington, D. C.: Center for Applied Linguistics.

Wolfram, W. & Schilling, N. 2015. *American English: Dialects and Variation*. Oxford: Blackwell Publishing.

Xia, X. 2013. Gender Differences in Using Language. *Theory and Practice in Language Studies* 3(8): 1485-1489.

Yuan, H., Guo, D., Grieve, J., & Kasakoff, A. 2016. Understanding U.S. regional linguistic variation with Twitter data analysis. *Computers, Environment and Urban Systems* 59: 244-155.

Yule, G. 2005. *The Study of Language*. Cambridge: Cambridge University

Press.

Zhou, Y., & Fan, Y. 2013. A Sociolinguistic Study of American Slang. *Theory and Practice in Language Studies* 3(12): 2209-2213.

Zhou, L. 2015. Euphemism in Modern American English. *Sino-US English Teaching* 12(4): 265-270.

Zimmerman, D., & West, C., 1975. Sex roles, interruptions and silences in conversation. In *Language and sex: difference and dominance*. (Eds.), Thorne, B., & Henley, N. pp: 105-129. Rowley, MA: Newbury House.

Web 참고문헌

강의현. 2012. 「유목 문화 속에서 계승되어 온 몽골 사람들의 속담: 몽골편」. Retrieved from https://blog.naver.com/wookey 911/ 40153567998.

Hamblin, J. 2013. *Pecan, Caramel, Crawfish: Food Dialect Maps*. Retrieved from https://www.theatlantic.com/health/archive/2013/06/pecan-caramel-crawfish-food-dialect-maps/276603.

Jose, J. 2015. *The Difference Between Animal and Human Communication*. Retrieved from https://owlcation.com/stem/The-difference-between-animal-and-human-communication.

Kleinman, A. 2013. *These dialect maps showing the variety of American English have set the internet on fire*. Retrieved from https://www.huffingtonpost.com/2013/06/06/dialect-maps-n_3395819.html

Manbrol, N. 2016. *Linguistic Sign*. Retrieved from https://literariness.org/2016/03/20/linguistic-sign.

David, T. 2004. *Talk it through*. Retrieved from https://www.nurseryworld.co.uk/nursery-world/news/1101203/talk.

McLeod, S. 2018. *Lev Vygotsky*. Retrieved from https:// www.simplypsychology.org/vygotsky.html.

Nordquist, R. (2018, May 18). *What Does Isogloss Mean in Linguistics?*. Retrieved from https://www.thoughtco.com/isogloss-linguistics -term-1691085.

Nordquist, R. (2019, February 17). *Pidgin(Language)*. Retrieved from https://www.thoughtco.com/pidgin -language-1691626

Nordquist R. 2019. *Definition and Examples of a Lingua Franca*. Retrieved from https://www.thoughtco.com/what-is-a-lingua-franca -1691237

가축과 관련된 몽골어속담. (2016년 1월 5일). Retrieved from https://blog.

naver. com/neomgl/220587992174.

시니피앙, 시니피에. (2014년 4월 9일). Retrieved from http://monthlyart. com/encyclopedia/시니피앙-시니피에

외계인 언어 이해하면 그들처럼 생각할 수 있을까?. (2017년 2월 5일) Retrieved from http://dl.dongascience.com/magazine/view/S201505N037

Backchannels. Retrieved from https://en. wikipedia. org/wiki/Backchannel.

Creoles. Retrieved from http://www. ello. uos. de/field. php/Sociolinguistics /Creoles

Examples of Jargon. Retrieved from http://examples. yourdictionary. com/examples-of-jargon. html

Genderlect. Retrieved from http://www. odlt. org/ballast/genderlect. html

Inuit Words for Snow. Retrieved from http://www. mendosa.com/ snow. html

Jargon. Retrieved from https://en. wikipedia. org/wiki/Jargon#cite_note-m-w-8

Mutual intelligibility. Retrieved from https://www. slideshare. net/AllahAkbarAkbar/mutual-intelligibility.

Pidgin (Language). Retrieved from https://www. thoughtco. com/pidgin-language- 691626.

Stratum. Retrieved from https://en. wikipedia. org

Strong and weak versions of Sapir-Whorf hypothesis. Retrieved from https://blogonlinguistics. wordpress. com/2013/09/25/strong weak-versions of-sapir-whorf-hypothesis.

The merger of /o/ and /oh/. Retrieved from http://www. ling. u penn. edu/phono_atlas/maps/Map1. html

U. S. Map of Varying Pronunciations. Retrieved from https://thesandtrap. com/forums/topic/69254-us-maps-of-varying-pronunciations/

찾아보기

사회언어학의 이해
Understanding Sociolinguistics

초판 1쇄 발행일 I 2019년 8월 30일
　　　2쇄 발행일 I 2021년 2월 25일
　　　3쇄 발행일 I 2024년 2월 25일

지은이 I 한경임
펴낸이 I 이재호
책임편집 I 이필태

펴낸곳 I 리북(LeeBook)
등　록 I 1995년 12월 21일 제2014-000050호
주　소 I 경기도 파주시 회동길 50, 4층(문발동)
전　화 I 031-955-6435
팩　스 I 031-955-6437
홈페이지 I www.leebook.com

정　가 I 15,000원
ISBN I 978-89-97496-58-7